UM PLANO DE AÇÃO PARA O SALVAMENTO DO PROJETO NACIONAL DE INFRAESTRUTURA

WALFRIDO JORGE WARDE JÚNIOR
GILBERTO BERCOVICI
JOSÉ FRANCISCO SIQUEIRA NETO

UM PLANO DE AÇÃO PARA O SALVAMENTO DO PROJETO NACIONAL DE INFRAESTRUTURA

São Paulo

2015

CONTRACORRENTE

Copyright © **EDITORA CONTRACORRENTE**
Rua Dr. Cândido Espinheira, 560 | 3º andar
São Paulo – SP – Brasil | CEP 05004 000
www.editoracontracorrente.com.br
contato@editoracontracorrente.com.br

Editores

Camila Almeida Janela Valim
Gustavo Marinho de Carvalho
Rafael Valim

Conselho Editorial

Augusto Neves Dal Pozzo
(Pontifícia Universidade Católica de São Paulo – PUC/SP)

Daniel Wunder Hachem
(Universidade Federal do Paraná - UFPR)

Emerson Gabardo
(Universidade Federal do Paraná - UFPR)

Gilberto Bercovici
(Universidade de São Paulo - USP)

Heleno Taveira Torres
(Universidade de São Paulo - USP)

Jaime Rodríguez-Arana Muñoz
(Universidade de La Coruña – Espanha)

Pablo Ángel Gutiérrez Colantuono
(Universidade Nacional de Comahue – Argentina)

Pedro Serrano
(Pontifícia Universidade Católica de São Paulo – PUC/SP)

Silvio Luís Ferreira da Rocha
(Pontifícia Universidade Católica de São Paulo – PUC/SP)

Equipe editorial

Carolina Ressurreição (revisão)
Denise Dearo (design gráfico)
Mariela Santos Valim (capa)

Dados Internacionais de Catalogação na Publicação (CIP)
(Câmara Brasileira do Livro, SP, Brasil)

J826　　JORGE WARDE JÚNIOR, Walfrido et. al.
　　　　Um Plano de Ação para o Salvamento do Projeto Nacional de Infraestrutura | Walfrido Jorge Warde Júnior, Gilberto Bercovici, José Francisco Siqueira Neto – São Paulo: Editora Contracorrente, 2015.

　　　　ISBN: 978-85-69220-05-3

　　　　Inclui bibliografia

　　　　1. Direito. 2. Direito Público. 3. Direito Administrativo. 4. Direito Econômico. 5. Direito Financeiro. 6. Direito Constitucional. 7. Política. I. Título.

CDU - 342

Impresso no Brasil
Printed in Brazil

SUMÁRIO

APRESENTAÇÃO 7

1 O PROBLEMA E A SUA MAGNITUDE 11

2 POR QUE A PETROBRAS E A UNIÃO DEVEM SER RESSARCIDAS? 19

3 QUEM DEVE INDENIZAR? 29

4 COMO INDENIZAR? 33
    4.1 TRANSAÇÃO PÚBLICO-PRIVADA 33
    4.2 OBJETO DA TRANSAÇÃO 43
    4.3 EFEITOS DA TRANSAÇÃO 45
    4.4 INCENTIVOS À ADESÃO 47

5 LEILÃO DAS AÇÕES DE CONTROLE 49

6 ALTERNATIVA 53

7 ESTÍMULO À CRIAÇÃO DE ESTRUTURAS DE MERCADO 55

8 RISCOS PARA O ADQUIRENTE 57

9 O PLANO EM CONCRETO E A SUA EXECUÇÃO 61

10 CONCLUSÕES 63

BIBLIOGRAFIA	65
ANEXO 1	71
ANEXO 2	77
ANEXO 3	83
ANEXO 4	87
COMENTÁRIOS AO PLANO	91
PROFESSOR ANTONIO DELFIM NETTO	93
PROFESSOR HELENO TAVEIRA TORRES	97
MINISTRO DE ESTADO DA FAZENDA JOAQUIM LEVY	101
PROFESSOR LUIZ GONZAGA BELLUZZO	105
PROFESSOR MODESTO CARVALHOSA	111

APRESENTAÇÃO

Esta obra traz à luz uma contribuição independente e isenta, um plano de ação, um Plano de Ação para o Salvamento do Projeto Nacional de Infraestrutura, que oferta meios à solução de alguns dos mais perniciosos efeitos daquela que poderá ser uma das mais profundas crises de nossa história.

Uma crise temível, a conjunção de muitos infortúnios, pela qual responderá, em última análise, a nossa reiterada incapacidade de reformar a política, e sobretudo de domesticar as relações entre Estado e empresa, para que atendam os mais legítimos interesses da vasta maioria dos brasileiros.

Uma crise que já compromete a credibilidade de toda a autoridade política e de nossas mais importantes instituições, sob a constatação de que a governabilidade, aqui, não prescinde de expedientes inconfessáveis. Diante dessas profundas mazelas estruturais, o plano de ação que concebemos pode muito pouco. Não impedirá que novos escândalos ocorram, e que com eles, mais uma vez e sempre, malogrem os sonhos de todo um povo.

Acreditamos que o plano poderá ser útil, contudo, para mitigar alguns dos efeitos da crise, especialmente em sua acepção econômica, por meio da identificação, da articulação e do manejo de técnicas jurídicas disponíveis, que dispensam maiores esforços legislativos.

Se for implementado, o plano de ação aqui descrito poderá obstaculizar o franco perecimento dos mais essenciais projetos de infraestrutura e a falência de seus desenvolvedores, grandes conglomerados empresariais, no entorno dos quais gravitam muitas das pequenas e das médias empresas brasileiras. Será capaz de impedir um profundo desajuste das contas públicas, cuja higidez, no contexto de nosso modelo de capitalismo, pressupõe a solvabilidade desses grupos empresariais, que entretém uma biunívoca e perigosa relação de dependência com o Estado. E promete fazê-lo para estimular a concorrência, ao abrir entradas a novos operadores e arrefecer a preponderância do Estado no financiamento da infraestrutura. Isso tudo, sem falar na preservação dos milhões de empregos diretos e indiretos.

O plano foi concebido e enviado, em meados de maio deste ano, a inúmeros representantes governamentais, muitos dos quais nos receberam, permitiram que nos explicássemos e nos submeteram a um intenso e profícuo escrutínio. Merecem lembrança, nesse caminho, os diálogos com o Ministro de Estado Chefe da Controladoria-Geral da União, com o Ministro de Estado Chefe da Advocacia-Geral da União, com o Ministro de Estado da Previdência Social, com o Ministro de Estado das Comunicações, com o Ministro de Estado da Fazenda e com o Consultor-Geral da União.

O plano foi apresentado a alguns dos maiores nomes da política, dos movimentos sociais e da intelectualidade. Essa consulta arregimentou muitos simpatizantes. Preocupados com os danos que a crise promete causar, especialmente para os desvalidos, muitos deles identificaram as viabilidades de nossas sugestões e nos apoiaram, incansáveis, ao aperfeiçoamento, à defesa e à promoção do plano.

O Ex-Presidente Luiz Inácio Lula da Silva foi um dos primeiros e principais entusiastas do plano.

O Professor Luiz Gonzaga Belluzzo, um dos mais influentes economistas do mundo, não poupou esforços para divulgar e para defender o plano. E o fez todas as vezes em que, na condição de verdadeiro oráculo, foi instado a anunciar soluções para a grave crise que vivemos.

UM PLANO DE AÇÃO PARA O SALVAMENTO DO PROJETO NACIONAL...

O Professor Heleno Taveira Torres, aguerrido advogado do plano, apresentou-o ao Ministro Joaquim Levy, e ao Secretário Executivo Adjunto da Fazenda, o operoso e diligente Fabrício Dantas Leite. O interesse do Ministério da Fazenda foi, então, uma importante resposta positiva do Estado à iniciativa, à verdadeira intromissão de três cidadãos brasileiros muito angustiados.

Não podemos esquecer, do mesmo modo, as palavras de encorajamento e as contribuições de tantos outros que, para além das ideologias, sempre convergiram sob o desejo comum de trabalhar pelo Brasil.

A pluralidade e a convergência são representadas pelas vozes dos mais variados atores dos cenários acadêmico, político e social, registradas nos comentários ao final deste trabalho.

Ainda é incerto o futuro de nossas propostas. Não se sabe o que o governo atual fará diante dos impasses e dos desafios que a crise impõe. Resta-nos torcer por sábias decisões.

O Plano de Ação para o Salvamento do Projeto Nacional de Infraestrutura, que concebemos, é, no universo de problemas e de soluções, apenas uma pequena contribuição para a nossa imensa Nação.

São Paulo, 8 de setembro de 2015

Os autores

1
O PROBLEMA E A SUA MAGNITUDE

O Brasil tem acompanhado a crise multifária desencadeada pelas investigações da operação "Lava Jato".[1]

É certo que a investigação, a revelação de crimes e a punição dos criminosos, no contexto da referida operação, é imperiosa e benfazeja, sobretudo ao expurgo de práticas renitentes, que opõem óbices à evolução do ambiente político-institucional brasileiro e à eficiência da atuação do Estado nos sistemas econômicos.

O caso de polícia e o mote à reforma política não podem, contudo, arruinar legítimos interesses econômicos do país e de seu povo. Não é, a bem da verdade, minimamente necessário fazê-lo. O dever de punir criminosos e o interesse de toda a sociedade civil de reconfigurar a atuação do Estado e as suas relações com os cidadãos prescinde da imposição de profundos danos à economia do país.

---

[1] Sobre os efeitos do Inquérito Policial – IPL n. 1041/2013 e outros, para os sistemas político, econômico e social. Cf. a Claríssima e precisa análise de Cesar Benjamin, em É pau, é pedra, é o fim de um caminho: A crise, a dissolução da esquerda e o legado conservador do lulismo. *Revista Piauí*. São Paulo: 103, p. 16-18, abr. 2015. Disponível em: <http://revistapiaui.estadao.com.br/edicao-103/tribuna-livre-da-luta-de-classes/e-pau-e-pedra-e-o-fim-de-um-caminho>. Acesso em: 28 setembro 2015.

A crise pode, então, sob um novo enfoque, transmudar-se em oportunidade. Antes disso, porém, é importante que expliquemos a magnitude do problema.

Os grupos empresariais envolvidos em supostos contratos não comutativos com a Petrobras tornaram-se, ao longo do tempo, verdadeiros conglomerados, sobre os quais se escora porção importante dos grandes planos de infraestrutura concebidos para o Brasil.[2]

A palavra infraestrutura se refere a um conjunto de bens indispensáveis ao atendimento de necessidades coletivas e individuais, que se tornaram essenciais no âmbito da civilização capitalista.[3] A infraestrutura não é, contudo, um fim em si, mas um meio para o cumprimento de um objetivo de interesse público.[4] Um projeto nacional de infraestrutura pressupõe a adoção de esquemas de: (*i*) propriedade; (*ii*) financiamento; (*iii*) planejamento; (*iv*) desenvolvimento; (*v*) gestão;

---

[2] As empresas investigadas nos Inquéritos da Polícia Federal na operação "Lava Jato" são as seguintes: 1. Camargo Correa; 2. Engevix; 3. Galvão Engenharia; 4. Iesa; 5. Mendes Junior; 6. OAS; 7. Odebrecht; 8. Queiroz Galvão; 9. UTC; 10. MPE Montagens e Projetos Especiais; 11. Alusa; 12. Promon Engenharia; 13. Techint Engenharia e Construção; 14. Andrade Gutierrez; 15. Skanska Brasil; 16. GDK; 17. Schahin Engenharia; 18. Carioca Christian Neilsen Engenharia; 19. Setal Engenharia. São investigadas em processos administrativos perante a CGU, igualmente relacionadas à operação "Lava Jato": 1. Alumni; 2. Andrade Guitierrez; 3. Camargo Correa; 4. Carioca Christian Neilsen Engenharia; 5. Construcap CCPS; 6. Egesa; 7. Engevix; 8. Fidens Engenharia; 9. Eit; 10. Galvão Engenharia; 11. GDK; 12. Iesa; 13. Jaraguá Equipamentos Industriais; 14. Mendes Junior; 15. MPE Montagens e Projetos Especiais; 16. Niplan Engenharia; 17. NM Engenharia e Construções; 18. OAS; 19. Odebrecht; 20. Odebrecht Ambiental; 21. Odebrecht Óleo e Gás; 22. Promon Engenharia; 23. Queiroz Galvão; 24. Sanko Sider; 25. Skanska Brasil; 26. SOG Óleo e Gás; 27. Techint Engenharia e Construção; 28. Tome Engenharia; 29. UTC-Constran.

[3] Para um conceito inspirador, cf. FRISCHMANN, Brett M. An economic theory of infrastructure and commons management. *Minnesota Law Review*. v. 89, p. 923, Abr. 2005. Disponível em: <http://papers.ssrn.com/sol3/papers.cfm?abstract_id=588424>.

[4] DÖRR, Oliver. Die Anforderungen an ein zukunftsfähiges Infrastrukturrecht. *Veröffentlichungen der Vereinigung der Deutschen Staatsrechtslehrer* vol. 73, p. 337 e 349-353, 2014; WIβMANN, Hinnerk. Die Anforderungen an ein zukunftsfähiges Infrastrukturrecht. *Veröffentlichungen der Vereinigung der Deutschen Staatsrechtslehrer* vol. 73, p. 376-377 e 393-400, 2014, e MARSHALL, Tim. *Planning major infrastructure*: a critical analysis. New York; London: Routledge, 2013. p. 68-73.

O PROBLEMA E SUA MAGNITUDE

(*vi*) utilização; (*vii*) regulação; e (*viii*) recapacitação (ou renovação) da infraestrutura.

Os vários autores, especialistas sobre o tema, buscaram delimitar a composição material da infraestrutura econômica[5], para nela incluir, sob certo consenso, os sistemas de geração e distribuição de energia elétrica, a rede de abastecimento de água, a rede de coleta e tratamento de esgotos, as telecomunicações, a produção e distribuição de gás canalizado e a rede de transportes. Como pode se perceber, as concepções keynesianas do Estado de bem-estar marcaram profundamente a concepção e o planejamento da infraestrutura.[6] A infraestrutura, nessa acepção sistêmica, contempla invariavelmente projetos de (*i*) eletricidade e gás; (*ii*) petróleo; (*iii*) água, esgoto e lixo; (*iv*) construção pesada; (*v*) transporte terrestre; (*vi*) transporte aquaviário; (*vii*) transporte aéreo; (*viii*) atividades auxiliares de transporte e entrega; e (*ix*) telecomunicações.[7]

As chamadas "empreiteiras", que em princípio se ocupavam de prover serviços de construção pesada aos governos, assumiram novas funções, para expandir as suas atividades em direção de novos e cada vez mais abrangentes projetos.[8] Afirmam-se, hoje, como agentes centrais do modelo nacional de infraestrutura.

Esses grupos são corpos intermédios, que se põem entre o Estado-financiador, de um lado, e, de outro, o Estado-Poder Concedente e tomador de serviços. Compõem e ajudam a estruturar uma concepção

---

[5] No escopo deste estudo interessam-nos os aspectos da infraestrutura material apenas. Vale, no entanto, mencionar que entre os economistas há uma discussão sobre a diferenciação entre a infraestrutura material e institucional. Nesta última categoria, menos evidente, poder-se-ia elencar a administração pública, a ordem jurídica, o sistema monetário, a educação, a pesquisa científica e tecnológica, a habitação e o próprio judiciário.

[6] MARSHALL, Tim. *Planning major infrastructure: a critical analysis*. New York; London: Routledge, 2013 p. 24-25.

[7] Essa classificação se inspirou na que é adotada pelo Sistema BNDES para a apresentação estatística das informações de desembolso.

[8] Sobre a história da formação e atuação das empreiteiras no Brasil, vide, por todos, CAMPOS, Pedro Henrique Pedreira. *Estranhas catedrais*: as empreiteiras brasileiras e a Ditadura Civil-Militar, 1964-1988. Niterói: EdUFF, 2014.

de Capitalismo de Estado que se afirmou no país.[9] Uma concepção cujas bases fundamentais remontam aos anos 1950[10], mas que se aperfeiçoou, em particular, após as ondas de privatização ocorridas ao longo dos governos da Nova República.

Trata-se, em verdade, de um modelo híbrido.[11] O nosso projeto nacional de infraestrutura, que desvela o tipo de Capitalismo de Estado brasileiro, é bastante peculiar. O financiamento, o planejamento e a regulação são públicos. O desenvolvimento, a gestão e a recapacitação podem ser privados. E a utilização é público-privada.

---

[9] O século XX traria consigo o capitalismo de Estado, alçado à condição de fenômeno, de objeto sensível, observável, que se especializaria ao longo dos anos, sob particularismos em contínua dissolução, em meio a uma propagação de proporções planetárias. Para uma análise clássica do capitalismo de Estado, vide POLLOCK, Frederick. State capitalism: its possibilities and limitations. *Studies in Philosophy and Social Science (Zeitschrift für Sozialforschung)*. New York: Institute of Social Research, 1941. v. IX, p. 200-225. Algumas das mais amplas tentativas de teorizá-lo remetem aos anos 1970 e às teses do Capitalismo Monopolista de Estado, que trouxeram a lume a obra coletiva, Tratado Marxista de Economia – Capitalismo Monopolista de Estado, organizada pelo Partido Comunista Francês, e os trabalhos de Paul Boccara. Foram muitos os teóricos que se alinharam ou se opuseram aos achados desses trabalhos desbravadores, mas poucos os autores brasileiros que se dedicaram ao tema. Dentre eles, ainda no final da década de 1970, merece destaque o livro de Carlos Estevam Martins, especialmente pelo convite à reflexão e ao debate. Cf. MARTINS, Carlos Estevam. *Capitalismo de Estado e modelo político no Brasil*. Rio de Janeiro: Graal, 1977. Para se ter uma ideia da mundialização do fenômeno, respeitadas as particularidades de cada caso, cf. URSELL, Gill; BLYTON, Paul. *State, capital and labour*: changing patterns of power and dependence. Houndmills; Basingstoke; Hampshire: Macmillan Press, 1988; KRAMER, Daniel C. *State capital and private enterprise*: the case of the UK National Enterprise Board. New York: Routledge, 1988; KUISEL, Richard F. *Le capitalisme et l'État en France*: modernisation et dirigisme au xxe siècle. Paris: Gallimard, 1984; GRISINGER, Joanna L. *The unwieldy American State*: administrative politics since the New Deal. Cambridge; New York: Cambridge University Press, 2012; BRUNHOFF, Suzanne de. *The State, capital and economic policy*. London: Pluto Press, 1978; OLSEN, Eric. *State Capitalism and the proletarian dictatorship*. Detroit: Revolutionary Marxist Committee, 1977; JOHNSON, Chalmers. *Japan*: who governs? The rise of the developmental State. New York; London: W.W. Norton & Company, 1995; HALEY, Usha C.V.; HALEY, George T. *Subsidies to chinese industry*: State capitalism, business strategy, and trade policy. Oxford; New York: Oxford University Press, 2013, dentre muitos outros.

[10] Cf. BNDES: um banco de história e de futuro. Disponível em: <http://www.bndes.gov.br/SiteBNDES/export/sites/default/bndes_pt/Galerias/Arquivos/conhecimento/livro/livro_BNDES_um_banco_de_historia_e_do_futuro.pdf>. Acesso em: 12 maio 2015.

[11] São intensos a competição e os debates entre modelos de infraestrutura. Na doutrina estrangeira mais influente, cf. FRISCHMANN, Brett M. An economic theory of

O PROBLEMA E SUA MAGNITUDE

Esse estado de coisas decorre de algumas realidades brasileiras: (*i*) a crítica prevalente às supostas (in)capacidades do Estado-empresário, que o afastaram progressivamente da gestão (e ameaçam afastá-lo do controle) de empresas públicas remanescentes; (*ii*) a inaptidão dos capitais privados para financiar empresas privadas, especialmente as *capital intensive*, diante das resistentes dificuldades de desenvolvimento e expansão do nosso mercado de capitais; e (*iii*) as facilidades ao financiamento público da macroempresa.

Esse último aspecto merece nota.

O quadro de desembolso anual do Sistema BNDES demonstra que o banco e o seu braço de investimento e *private equity* (o BNDESPAR) dispenderam, só em 2014, aproximados R$ 117 bilhões para financiar as grandes empresas brasileiras.[12] Mais de R$ 800 bilhões desde 2005. Grande parte desses recursos foi alocada em projetos de infraestrutura, encabeçados, muitos deles, pelos grupos empresariais envolvidos na operação "Lava Jato". O mesmo comprometimento se verifica entre as principais Entidades Fechadas de Previdência Complementar, que respondem por investimentos superiores a R$ 600 bilhões e que administram interesses de 3,5 milhões de dependentes.[13] Merecem nota os quadros abaixo:

---

infrastructure and commons management. *Minnesota Law Review*. v. 89, p. 917 a 1030, Abr. 2005. Disponível em: <http://papers.ssrn.com/sol3/papers.cfm?abstract_id=588424>.; LEE, Peter. The evolution of intellectual infrastructure. *Washington Law Review*, v. 83, p. 39-122, 2008; HADFIELD, Gillian K. Legal infrastructure and the new economy. *I/S*: a Journal of Law and Policy. V. 8, p. 1-58, 2012. Para uma oposição à centralidade estatal, HERMES, George. Foundations and structure of state responsibility for infrastructure. *Journal of Network Industries*. V. 1, n. 2, p. 224-243, 2000. Para o caso brasileiro, vide, entre outros, CAMPOS, Pedro Henrique Pedreira. *Estranhas catedrais*: as empreiteiras brasileiras e a Ditadura Civil-Militar, 1964-1988. Niterói: EdUFF, 2014.

[12] Cf., BNDES. *Estatísticas operacionais*. Disponível em: <http://www.bndes.gov.br/SiteBNDES/bndes/bndes_pt/Institucional/BNDES_Transparente/Estatisticas_Operacionais/estatisticas_download.html>. Acesso em: 12 maio 2015. Mais dados estatísticos em: BNDES. *Estatísticas operacionais do Sistema BNDES*. Disponível em: <http://www.bndes.gov.br/SiteBNDES/bndes/bndes_pt/Institucional/BNDES_Transparente/Estatisticas_Operacionais/>. Acesso em: 12 maio 2015.

[13] Cf. consolidado estatístico da ABRAPP.

DESEMBOLSO ANUAL DO SISTEMA BNDES
PORTE DA EMPRESA
R$ MILHÕES

Discriminação	2005	2006	2007	2008	2009	2010	2011	2012	2013	2014
MICRO	5.687,2	4.761,1	6.531,1	8.139,9	10.854,5	21.627,8	23.295,5	23.888,5	30.686,1	28.694,9
PEQUENA	2.207,0	2.269,7	3.456,8	5.200,9	5.817,7	10.266,3	11.997,9	12.507,6	16.703,5	15.923,7
MÉDIA	3.767,7	4.086,5	6.078,7	8.505,3	7.246,7	13.684,3	14.366,8	13.725,8	16.153,8	14.755,6
MÉDIA-GRANDE	-	-	-	-	-	4.683,3	9.065,7	8.159,2	10.575,8	10.820,5
GRANDE	35.318,4	40.200,6	48.825,3	69.031,7	112.437,4	118.161,2	80.147,5	97.711,1	116.299,7	117.642,1
TOTAL	46.980,2	51.318,0	64.891,8	90.877,9	136.356,4	168.422,7	138.873,4	155.992,3	190.419,0	187.836,9

DESEMBOLSO ANUAL DO SISTEMA BNDES
Setor CNAE
R$ milhões

Discriminação	2005	2006	2007	2008	2009	2010	2011	2012	2013	2014
AGROPECUÁRIA	4.058,8	3.422,6	4.997,8	5.594,5	6.855,7	10.126,3	9.759,0	11.362,2	18.662,2	16.775,1
agropecuária	4.058,8	3.422,6	4.997,8	5.594,5	6.855,7	10.126,3	9.759,0	11.362,2	18.662,2	16.775,1
INDÚSTRIA EXTRATIVA	337,7	1.457,9	1.050,5	3.310,7	3.219,3	1.513,6	3.579,0	1.825,3	4.055,7	3.027,3
indústria extrativa	337,7	1.457,9	1.050,5	3.310,7	3.219,3	1.513,6	3.579,0	1.825,3	4.055,7	3.027,3
INDÚSTRIA DE TRANSFORMAÇÃO	23.032,6	25.663,0	25.395,4	35.710,3	60.302,2	77.255,2	40.270,4	45.861,0	53.959,8	47.038,2
produtos alimentícios	2.396,4	3.304,4	4.368,8	9.543,9	8.034,0	12.292,7	5.261,6	4.690,0	7.070,2	6.123,8
bebidas	501,6	344,9	404,6	528,8	769,9	1.174,3	1.567,8	1.426,2	800,9	1.150,6
fumo	5,2	13,5	12,7	0,4	0,1	4,9	12,2	6,1	18,5	1,5
têxtil	256,5	175,7	296,4	954,0	381,4	1.558,1	1.544,7	1.234,7	988,7	608,0
confec., vestuário e acessórios	60,5	90,0	106,1	394,2	265,8	592,1	1.011,3	1.478,5	907,9	637,9
couro, artefato e calçado	153,9	316,3	170,8	651,5	252,8	714,9	647,2	835,5	602,2	273,0
madeira	210,4	197,7	340,6	512,0	376,0	526,8	543,2	761,5	780,0	454,6
celulose e papel	1.415,1	2.315,0	1.808,5	857,7	3.567,7	1.623,0	1.457,6	4.218,6	3.830,8	4.019,3
gráfica	20,3	25,2	31,5	49,9	68,7	112,0	128,6	179,7	152,5	135,0
coque, petróleo e combustível	170,8	1.391,5	1.798,0	3.145,6	23.238,4	28.712,3	4.466,5	6.281,4	7.243,8	5.198,1
química	1.012,9	1.062,0	1.882,8	2.176,1	2.175,0	3.798,2	2.457,9	1.997,7	3.396,0	3.572,3
farmoquímico, farmacêutico	128,9	149,9	594,6	301,9	224,1	1.302,6	225,1	246,1	548,2	482,6
borracha e plástico	466,7	472,7	1.124,9	933,1	1.021,5	1.872,3	1.498,8	2.248,8	2.455,5	1.461,4
mineral não metálico	227,5	410,6	439,7	590,5	1.245,4	1.657,1	1.971,4	2.203,5	2.637,3	1.698,3
metalurgia	1.367,8	2.160,8	3.119,8	3.209,2	4.488,0	3.809,0	2.551,1	2.538,4	2.551,1	2.478,0
produto de metal	382,2	337,1	522,4	508,1	810,7	1.118,1	1.204,5	1.327,7	1.517,2	1.588,0
equip info, eletrônico, ótico	637,3	879,7	829,7	871,7	393,3	942,5	298,3	961,5	836,2	625,6
máq, aparelho elétrico	658,2	674,0	837,0	889,4	1.210,7	1.155,8	1.399,4	1.228,5	1.690,1	1.044,8
máquinas e equipamentos	1.964,7	1.694,8	1.716,3	1.664,1	2.616,7	3.248,9	2.781,0	3.418,9	4.216,3	2.908,3
veículo, reboque e carroceria	4.718,3	5.186,2	3.065,2	4.603,0	5.922,5	5.790,4	4.658,9	4.643,2	6.851,9	5.296,0
outros equip transporte	6.043,8	4.222,7	1.699,6	2.942,3	2.899,3	4.410,8	3.543,9	2.350,0	3.452,3	6.249,5
móveis	137,5	81,6	149,1	288,1	206,1	455,5	670,4	1.028,4	928,6	610,4
produtos diversos	90,4	154,2	62,0	65,0	106,8	316,3	294,7	393,7	266,3	261,5
manutenção, reparação, instal.	5,8	2,4	14,2	29,6	27,0	66,2	74,4	162,5	217,6	159,9
COMÉRCIO E SERVIÇOS	19.551,1	20.774,5	33.448,0	46.262,5	65.979,1	79.527,7	85.265,0	96.943,7	113.741,3	120.996,2
eletricidade e gás	4.962,7	3.564,3	6.940,3	8.923,3	14.716,5	13.878,5	16.286,1	19.359,4	20.366,7	19.597,8
água, esgoto e lixo	329,2	401,5	654,3	794,0	906,4	1.590,1	1.549,8	1.492,2	1.680,1	1.826,6
construção	1.681,7	1.538,7	3.126,2	4.103,1	6.550,4	6.650,2	7.195,2	8.028,7	9.731,2	10.314,7
comércio	936,0	1.829,1	2.536,3	3.156,3	5.597,0	10.530,0	11.309,5	13.201,7	16.840,1	17.579,1
transporte terrestre	7.310,4	8.423,1	12.588,3	17.531,3	23.737,1	28.473,5	28.623,8	18.844,0	25.537,9	28.117,9
transporte aquaviário	421,7	476,9	707,6	661,5	914,8	1.565,3	1.980,9	2.222,8	2.206,4	388,2
transporte aéreo	165,0	93,8	18,8	10,7	469,9	571,1	395,0	545,7	335,3	546,8
ativ aux transporte e entrega	776,5	542,9	1.013,2	622,6	2.084,7	2.960,7	3.505,4	4.699,0	7.861,9	10.428,2
alojamento e alimentação	99,0	85,3	115,7	134,7	189,6	382,3	563,2	639,3	908,6	1.112,6
informação e comunicação	131,5	114,7	472,8	584,0	341,0	599,5	586,0	550,9	861,4	1.134,3
telecomunicações	1.670,5	2.133,7	3.379,2	6.187,8	3.834,9	2.103,9	3.107,8	4.836,12	2.694,5	5.295,2
ativ financeira e seguro	59,0	259,1	257,5	1.279,8	414,0	741,6	1.341,7	2.692,7	4.208,3	4.623,5
ativ imobil, profissional e adm	507,0	537,3	870,3	1.425,2	1.326,5	3.415,6	3.718,0	4.726,7	5.254,8	5.225,0
administração pública	142,8	128,3	147,7	289,5	4.148,7	5.128,9	3.047,6	12.108,4	12.098,7	11.640,8
educação	164,8	159,7	141,7	135,5	17,4	183,2	244,6	444,5	488,4	665,3
saúde e serv social	141,5	418,3	399,1	304,1	415,8	497,1	672,9	731,1	1.174,4	1.542,2
artes, cultura e esporte	15,0	18,8	23,4	37,7	76,5	122,1	961,3	1.567,7	1.309,8	715,3
outras ativ serviços	36,9	49,2	55,6	81,4	82,1	134,2	176,2	198,2	182,8	242,8
TOTAL	46.980,2	51.318,0	64.891,8	90.877,9	136.356,4	168.422,7	138.873,4	155.992,3	190.419,0	187.836,9

O PROBLEMA E SUA MAGNITUDE

FINANCIAMENTO BNDESPAR

Setor	Ações	Debêntures	Fundos	Derivativos Isolados	Total
Petróleo e Gás	26.1%	0.7%	-	-	21.6%
Energia Elétrica	13.6%	31.9%	-	77.0%	16.2%
Mineração	16.3%	17.1%	-	-	15.9%
Alimentos / Bebidas	15.8%	13.3%	-	-	14.9%
Papel e Celulose	13.5%	13.1%	-	-	13.0%
Logística e Transporte	3.4%	1.4%	-	-	3.0%
Fundo de Private Equity	-	-	100.0%	-	2.8%
Bens de Capital	2.4%	0.5%	-	23.0%	2.2%
Bens de Consumo	0.1%	11.9%	-	-	1.7%
Tecnologia da Informação	1.2%	4.1%	-	-	1.6%
Outros	7.6%	6.0%	-	-	7.1%
TOTAL	100.0%	100.0%	100.0%	100.0%	100.0%

O grau de dependência estatal do capitalismo brasileiro também se sente pela importância do BNDES e do BNDESPAR no financiamento das companhias listadas no "Novo Mercado", segmento de mercado administrado pela BM&FBOVESPA, ao qual se aplica a melhor governança corporativa.

Essas companhias caracterizam, em tese, a nata da macroempresa brasileira (seja em razão de suas dimensões, seja em vista das regras estritas de governança a que se submetem) e, portanto, aquelas mais aptas a atrair investimentos privados.

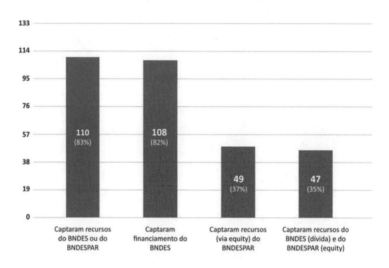

Disso tudo interessa reter, para a compreensão da solução que aqui se sugerirá, que a Petrobras e a União devem ser ressarcidas por danos que elementos desses grupos empresariais lhes tenham causado, mas esse ressarcimento não pode importar em sua ruína.

A bancarrota dos envolvidos é capaz de (*i*) determinar o inadimplemento de vultosos direitos creditórios de titularidade do Estado (especialmente do BNDES, mas também do Banco do Brasil, da Caixa Econômica Federal e dos fundos de pensão [Entidades Fechadas de Previdência Complementar] sob influência estatal); (*ii*) impactar negativamente as contas públicas e o regular funcionamento de nosso principal banco de fomento; (*iii*) aumentar o custo do dinheiro para o consumo e outras atividades essenciais; (*iv*) determinar o abandono de importantes projetos sociais; (*v*) causar o perdimento de todo um custoso e pesado modelo de infraestrutura, atrasando projetos essenciais ao desenvolvimento do país; e, o mais grave, (*vi*) determinar a perda de milhares, senão milhões, de empregos diretos e indiretos.

Todos esses fatores se conjugam e confluem para um cenário de grave deterioração econômico-social, que deve e pode ser evitado.

2

POR QUE A PETROBRAS E A UNIÃO DEVEM SER RESSARCIDAS?

A solução é o rápido ressarcimento da Petrobras e da União, sem prejuízo do curso normal de investigações e de processos penais.

A Petrobras exerce empresa pública organizada sob a forma de sociedade de economia mista de capital aberto. O artigo 5º, III do Decreto-Lei n. 200, de 25 de fevereiro de 1967 (com a redação alterada pelo Decreto-Lei n. 900, de 29 de setembro de 1969)[14] caracteriza a sociedade de economia mista como entidade integrante da Administração Pública Indireta, dotada de personalidade jurídica de direito privado, cuja criação é autorizada por lei, como um instrumento de ação do Estado. Em que pese ser organizada sob forma jurídica própria do direito privado, as sociedades de economia mista, assim como as empresas estatais, estão submetidas a regras especiais, aplicáveis aos integrantes da Administração Pública.

Esse regramento especializado se impõe, desde logo, pela aplicação dos estatutos legais que determinam a sua criação, cuja incidência

---

[14] "Art. 5º Para os fins desta lei, considera-se: III – Sociedade de Economia Mista – a entidade dotada de personalidade jurídica de direito privado, criada por lei para a exploração de atividade econômica, sob a forma de sociedade anônima, cujas ações com direito a voto pertençam em sua maioria à União ou a entidade da Administração Indireta".

desborda e prevalece sobre a legislação societária, comercial e civil que disciplina as empresas privadas. Na criação da sociedade de economia mista, autorizada pela via legislativa, o Estado age como Poder Público, não como acionista. A empresa, nesse caso, organiza-se sob a forma de sociedade anônima, controlada pelo Estado, em qualquer de suas esferas governamentais. O controle decorre da afetação da empresa estatal e da sociedade que a organiza, criada deliberadamente como um instrumento da ação estatal.[15]

Toda sociedade de economia mista está submetida, para além da lei que a criou, às regras gerais da Administração Pública (artigo 37 da Constituição[16]), ao controle do Congresso Nacional (artigo 49, X, no caso das sociedades de economia mista pertencentes à União), do Tribunal de Contas da União (artigo 71, II, III e IV da Constituição, também no caso das sociedades de economia mista da esfera federal) e, no caso das sociedades de economia mista federais, da Controladoria-Geral da União (artigos 17 a 20 da Lei n. 10.683, de 28 de maio de 2003). O orçamento de investimentos das sociedades de economia mista federais deve estar previsto no orçamento-geral da União (artigo 165, §5º da Constituição de 1988).

Esses dispositivos constitucionais são formas distintas de vinculação e conformação jurídica, constitucionalmente definidas, que vão além do

---

[15] Vide, por todos, FERREIRA, Waldemar Martins. *A sociedade de economia mista em seu aspecto contemporâneo*. São Paulo: Max Limonad, 1956. p. 131-151; VENÂNCIO FILHO, Alberto. *A intervenção do Estado no domínio econômico*: o direito público econômico no Brasil. Rio de Janeiro: Ed. FGV, 1968. p. 415-437; SOUZA, Washington Peluso Albino de. *Primeiras linhas de direito econômico*. 3. ed. São Paulo: LTr, 1994. p. 273-276; BANDEIRA DE MELLO, Celso Antônio. *Curso de direito administrativo*. 20. ed. São Paulo: Malheiros Ed., 2006. p. 175-178; GRAU, Eros Roberto. *A Ordem Econômica na Constituição de 1988:* interpretação e crítica. 12. ed. São Paulo: Malheiros Ed., 2007. p. 111-119; DI PIETRO, Maria Sylvia Zanella. *Direito administrativo*. 20. ed. São Paulo: Atlas, 2007. p. 420-421; CARVALHOSA, Modesto, *Comentários à Lei de Sociedades Anônimas*. 5. ed. São Paulo: Saraiva, 2011. V. 4, t. 1, p. 382-383 e 434-440. Vide, ainda, CIRENEI, Maria Teresa. *Le imprese pubbliche*. Milano: Giuffrè, 1983. p. 516-519.

[16] "Art. 37. A administração pública direta e indireta de qualquer dos Poderes da União, dos Estados, do Distrito Federal e dos Municípios obedecerá aos princípios da legalidade, impessoalidade, moralidade, publicidade e eficiência e, também, ao seguinte (...)".

POR QUE A PETROBRAS E A UNIÃO DEVEM SER RESSARCIDAS?

disposto no artigo 173, §1º[17], que iguala o regime jurídico das empresas estatais prestadoras de atividade econômica em sentido estrito àquele que se impõe às empresas privadas em seus aspectos civil, comercial, trabalhista e tributário.[18] A natureza jurídica de direito privado é um expediente técnico que não derroga o direito administrativo, sob pena de inviabilizar a sociedade de economia mista como instrumento de atuação do Estado.[19]

---

[17] "Art. 173. § 1º A lei estabelecerá o estatuto jurídico da empresa pública, da sociedade de economia mista e de suas subsidiárias que explorem atividade econômica de produção ou comercialização de bens ou de prestação de serviços, dispondo sobre: I – sua função social e formas de fiscalização pelo Estado e pela sociedade; II – a sujeição ao regime jurídico próprio das empresas privadas, inclusive quanto aos direitos e obrigações civis, comerciais, trabalhistas e tributários; III – licitação e contratação de obras, serviços, compras e alienações, observados os princípios da administração pública; IV – a constituição e o funcionamento dos conselhos de administração e fiscal, com a participação de acionistas minoritários; V – os mandatos, a avaliação de desempenho e a responsabilidade dos administradores".

[18] Sobre a influência da atividade prestada (serviço público ou atividade econômica em sentido estrito) no regime jurídico das empresas estatais (empresas públicas e sociedades de economia mista), vide BANDEIRA DE MELLO, Celso Antônio. *Curso de direito administrativo*. 20. ed. São Paulo: Malheiros Ed., 2006. p. 183-184; GRAU, Eros Roberto. *A Ordem Econômica na Constituição de 1988*: interpretação e crítica. 12. ed. São Paulo: Malheiros Ed., 2007. p. 140-146 e DI PIETRO, Maria Sylvia Zanella. *Direito administrativo*. 20. ed. São Paulo: Atlas, 2007. p. 412-414. Na doutrina estrangeira, vide, por exemplo, FLEINER, Fritz. *Les principes généraux du droit administratif allemand*. Paris: Librairie Delagrave, 1933. p. 198-209 e COLSON, Jean-Philippe. *Droit public économique*. 3. ed. Paris: L.G.D.J., 2001. p. 330-332.

[19] TÁCITO, Caio. Direito administrativo e direito privado nas empresas estatais. In: _____. *Temas de direito público (estudos e pareceres)*. Rio de Janeiro: Renovar, 1997. v. 1, p. 691-698; GRAU, Eros Roberto. *Elementos de direito econômico*. São Paulo: Ed. Revista dos Tribunais, 1981. p. 101-111; BANDEIRA DE MELLO, Celso Antônio. *Curso de direito administrativo*. 20. ed. São Paulo: Malheiros Ed., 2006., p. 178-183 e 185-188; GRAU, Eros Roberto. *A Ordem Econômica na Constituição de 1988*: interpretação e crítica. 12. ed. São Paulo: Malheiros Ed., 2007. , p. 111-123 e 278-281; DI PIETRO, Maria Sylvia Zanella. *Direito administrativo*. 20. ed. São Paulo: Atlas, 2007. p. 416-418 e 421-428 e CARVALHOSA, Modesto, *Comentários à Lei de Sociedades Anônimas*. 5. ed. São Paulo: Saraiva, 2011. V. 4, t. 1, p. 372-373, 397-399 e 423-427. Na doutrina estrangeira, sobre os regimes jurídicos das empresas estatais, em geral, e das sociedades de economia mista, em particular, vide HUBER, Ernst Rudolf. *Wirtschaftsverwaltungsrecht*. 2. ed. Tübingen: J. C. B. Mohr (Paul Siebeck), 1953. v. 1, p. 530-532; CHENOT, Bernard. *Organisation économique de l'État*. 2. ed. Paris: Dalloz,

A criação da Petrobras foi autorizada por meio da Lei n. 2004, de 3 de outubro de 1953, para gerir o monopólio petrolífero da União e implementar políticas públicas, hoje plasmadas nas Leis n. 9.478, de 6 de agosto de 1997 ("Lei do Petróleo") e n. 12.351, de 22 de dezembro de 2010 ("Lei do Pré-Sal").[20] O fato de ser organizada sob a forma de sociedade anônima (i.e., de ser pessoa jurídica de direito privado) permitiu que investidores privados participassem do seu financiamento, interessados nos lucros da atividade monopolística que a companhia desenvolve e, portanto, em receber dividendos e na valorização de suas ações no mercado.

Os achados da operação "Lava Jato" e do Comitê de Investigação criado pela Petrobras demonstraram que a companhia foi levada, por alguns de seus administradores, em meio a atos de corrupção, a celebrar contratos não comutativos em favor dos aqui já referidos grupos empresariais.[21]

1965. p. 312-313; FORSTHOFF, Ernst. *Lehrbuch des Verwaltungsrechts*. 9. ed. München: Verlag C. H. Beck, 1966. v. 1, p. 478-483; PÜTTNER, Günter. *Die öffentlichen Unternehmen*: Verfassungsfragen zur wirtschaftlichen Betätigung der öffentlichen Hand. Bad Homburg; Berlin; Zürich: Verlag Gehlen, 1969. p. 125-140 e 368-380; EMMERICH, Volker. *Das Wirtschaftsrecht der öffentlichen Unternehmen*. Bad Homburg; Berlin; Zürich: Verlag Gehlen, 1969. p. 58-62; FARJAT, Gérard. *Droit économique*. Paris: PUF, 1971. p. 189-198; GIANNINI, Massimo Severo. *Diritto pubblico dell'economia*. Reimpr. da 3. ed. Bologna: Il Mulino, 1999. p. 163-166; COLSON, Jean-Philippe. *Droit public économique*. 3. ed. Paris: L.G.D.J., 2001. p. 297-301 e 328-330; DELVOLVÉ, Pierre. *Droit public de l'économie*. Paris: Dalloz, 1998. p. 672-675 e 706-731 e BADURA, Peter. *Wirtschaftsverfassung und Wirtschaftsverwaltung*: Ein exemplarischer Leitfaden. 2. ed. Tübingen: Mohr Siebeck, 2005. p. 145-164.

[20] Para uma visão sobre a história, as funções e a disciplina jurídica da Petrobras, cf. BERCOVICI, Gilberto. *Direito econômico do petróleo e dos recursos minerais*. São Paulo: Quartier Latin, 2011.

[21] Cf. O prejuízo contabilizado pela Petrobras pelos atos de corrupção investigados pela operação "Lava Jato" foi de R$ 6,194 bilhões no exercício de 2014. Tal valor foi contabilizado como "*Baixa de gastos adicionais capitalizados indevidamente*". Nas últimas Demonstrações Contábeis da companhia (DFP 4T14), referido valor é mencionado na página 4 do Relatório dos Auditores Independentes, que antecede as demonstrações. É listado, ainda: 1) na página 6 sob a rubrica "despesas", na "Demonstração de Resultado"; 2) na página 8, no item "Ajustes para" na "Demonstração dos Fluxos de Caixa"; 3) na página 10, no item "Insumos adquiridos de terceiros" na "Demonstração do

POR QUE A PETROBRAS E A UNIÃO DEVEM SER RESSARCIDAS?

Tais condutas caracterizam, do ponto de vista societário, uma afronta às normas dos incisos I e II do art. 155 da Lei n. 6.404/76 ("Lei das SA").[22] Os administradores culpados violaram seus deveres fiduciários, em especial o dever de lealdade, pelo que respondem solidariamente pelos danos causados à companhia, na forma do art. 158, §2º do mesmo diploma legal.[23]

Os grupos empresariais que se beneficiaram em detrimento da Petrobras também respondem solidariamente, por força do art. 158, §5º da Lei das SA.[24]

O direito societário brasileiro, vale notar, provê, na forma do art. 159 da Lei das SA, apenas uma técnica indireta de ressarcimento do acionista privado. O administrador faltoso e aquele com quem se conluiou devem indenizar a companhia, com o que será reflexamente indenizado

---

Valor Adicionado"; e 4) nas Notas Explicativas às páginas 12, 20,36, 87 e 90. No "Relatório de Resultado do 4º Trimestre de 2014", (RMF – 3T -4T14), o valor de R$ 6, 194 bilhões é mencionado, já na página 1, *como "valor da baixa de gastos adicionais capitalizados indevidamente no ativo imobilizado oriundos do esquema de pagamentos indevidos descoberto pelas investigações da Operação Lava Jato (baixa de gastos adicionais capitalizados indevidamente).*", apontado, na página 3, que "a Companhia reconheceu no terceiro trimestre de 2014 uma baixa no montante de R$ 6.194 milhões de gastos capitalizados, referente a valores que a Petrobras pagou adicionalmente na aquisição de ativos imobilizados em períodos anteriores." Tanto no Relatório quanto nas Demonstrações Contábeis, a Petrobras fez um histórico da Operação Lava-Jato apresentando seus reflexos à companhia.

[22] "Art. 155. O administrador deve servir com lealdade à companhia e manter reserva sobre os seus negócios, sendo-lhe vedado: I – usar, em benefício próprio ou de outrem, com ou sem prejuízo para a companhia, as oportunidades comerciais de que tenha conhecimento em razão do exercício do seu cargo; II – omitir-se no exercício ou proteção de direitos da companhia ou, visando à obtenção de vantagens, para si ou para outrem, deixar de aproveitar oportunidades de negócio de interesse da companhia;"

[23] "Art. 158. [...] §2º Os administradores são solidariamente responsáveis pelos prejuízos causados em virtude do não cumprimento dos deveres impostos por lei para assegurar o funcionamento normal da companhia, ainda que, pelo estatuto, tais deveres não caibam a todos eles."

[24] "Art. 158. §5º Responderá solidariamente com o administrador quem, com o fim de obter vantagem para si ou para outrem, concorrer para a prática do ato com violação da lei ou do estatuto."

o acionista. Isso porque uma vez que os recursos malversados sejam reintegrados ao patrimônio social, suas ações recobram o valor que lhe cassou um eventual malfeito.

Desse modo, exercesse a Petrobras uma empresa privada, seria apenas essa a técnica de ressarcimento à disposição. Não é o caso. A Petrobras, repise-se, exerce empresa pública. Integra a Administração Indireta da União (art. 37, XIX da Constituição Federal de 1988[25] e art. 4º, II, 'c' do Decreto-Lei n. 200, de 1967[26]). Seus administradores são agentes públicos, que compõem a burocracia empresarial de Estado. Isso implica na incidência, ao caso, das normas da Lei n. 8.429, de 2 de junho de 1992 ("Lei de Improbidade Administrativa").[27] Vale, nesse contexto, uma remissão imediata aos seus arts. 1º[28], 3º[29] e 5º.[30] Os agentes públicos respondem, assim como as empresas que com eles, em conluio, induziram ou concorreram à prática de atos de improbidade, ou deles se beneficiaram, de modo a causar uma lesão indenizável ao patrimônio

---

[25] "Art. 37. XIX. Somente por lei específica poderá ser criada autarquia e autorizada a instituição de empresa pública, de sociedade de economia mista e de fundação, cabendo à lei complementar, neste último caso, definir as áreas de sua atuação".

[26] "Art. 4º A Administração Federal compreende: II – A Administração Indireta, que compreende as seguintes categorias de entidades, dotadas de personalidade jurídica própria: c) Sociedades de Economia Mista".

[27] Sobre a aplicação da Lei de Improbidade Administrativa às sociedades de economia mista, vide GARCIA, Emerson & ALVES, Rogério Pacheco. *Improbidade administrativa*. 8. ed. São Paulo: Saraiva, 2014. p. 316 e FAZZIO JÚNIOR, Waldo. *Improbidade administrativa*: doutrina, legislação e jurisprudência. 3. ed. São Paulo: Atlas, 2015. p. 31-33.

[28] "Art. 1º Os atos de improbidade praticados por qualquer agente público, servidor ou não, contra a administração direta, indireta ou fundacional de qualquer dos Poderes da União, dos Estados, do Distrito Federal, dos Municípios, de Território, de empresa incorporada ao patrimônio público ou de entidade para cuja criação ou custeio o erário haja concorrido ou concorra com mais de cinquenta porcento do patrimônio ou da receita anual, serão punidos na forma desta lei."

[29] "Art. 3º As disposições desta lei são aplicáveis, no que couber, àquele que, mesmo não sendo agente público, induza ou concorra para a prática do ato de improbidade ou dele se beneficie sob qualquer forma direta ou indireta."

[30] "Art. 5º Ocorrendo lesão ao patrimônio público por ação ou omissão, dolosa ou culposa, do agente ou de terceiro, dar-se-á o integral ressarcimento do dano."

POR QUE A PETROBRAS E A UNIÃO DEVEM SER RESSARCIDAS?

público. A Lei n. 12.846, de 1º de agosto de 2013 ("Lei Anticorrupção") também compõe o "equipamento" de proteção da administração e do erário, para imputar responsabilidade objetiva administrativa e civil às pessoas jurídicas e responsabilidade subjetiva aos seus "dirigentes"[31] pela prática de atos contra a administração pública, nacional ou estrangeira. Ambos os diplomas legais impõem multa e o dever de reparar o dano causado.

O fato importante é que, além da imposição de multa e da indenização, a Lei de Improbidade Administrativa determina outras penalidades que, para as "empreiteiras", podem ser fatais. O controlador ou grupo de controle de cada um desses grupos de sociedades empresariais, como se depreende dos incisos I, II e III, do referido art. 12, caracterizado o ato de improbidade, restaria proibido de "[...] contratar com o Poder Público ou receber benefícios ou incentivos fiscais ou creditícios, direta ou indiretamente, ainda que por intermédio de pessoa jurídica da qual seja sócio majoritário", por prazos que podem ser de dez, cinco ou três anos, dependendo da hipótese em que a conduta for enquadrada.

Essa última punição, dado que tais grupos empresariais dependem, de um lado, de financiamentos estatais e, de outro, de receitas oriundas de contratos com o Poder Público, equivale à pena de morte.

Consequências semelhantes são impostas pela Lei n. 8.666/1993 (Lei de Licitações Públicas).

Segundo o artigo 82 da Lei n. 8.666/1993, os agentes administrativos que praticarem atos em desacordo com os seus preceitos ou visando a frustrar os objetivos da licitação sujeitam-se às sanções previstas na lei e nos regulamentos próprios, sem prejuízo das responsabilidades civil e criminal que seu ato ensejar.

Já o artigo 88 da Lei n. 8.666/1993 determina que as sanções previstas no artigo 87, III e IV sejam também aplicadas às empresas ou

---

[31] Essa não é terminologia conhecida pelo direito societário, com o que não se sabe ao certo se se refere à administração da sociedade (à diretoria e, se for o caso, ao conselho de administração), bem como o controlador, ou se desborda essas figuras em direção de cargos de gerência.

profissionais que tenham sido condenados por fraude fiscal dolosa (artigo 88, I), tenham praticado atos ilícitos visando frustrar os objetivos da licitação (artigo 88, II) ou demonstrem não ter idoneidade para contratar com a Administração em virtude de ilícitos praticados (artigo 88, III).

O contratado, assim, poderá receber, entre outras, a sanção da suspensão temporária de participação em licitação e impedimento de contratar com a Administração Pública por prazo não superior a 2 (dois) anos (artigo 87, III da Lei n. 8.666). A Administração pode aplicar ao contratado a sanção (em conjunto ou não com as demais, como advertência, multa e declaração de inidoneidade) e o prazo máximo é de 2 (dois) anos, ou seja, a sanção também pode ser aplicada, ou não, e o prazo de 2 (dois) anos é o máximo, não o mínimo.

A sanção da declaração de inidoneidade para licitar ou contratar com a Administração Pública (artigo 87, IV) vigora enquanto perdurarem os motivos determinantes da punição ou até que seja promovida a reabilitação perante a própria autoridade que aplicou a penalidade. Essa reabilitação, segundo o artigo 87, IV da Lei n. 8.666 será concedida sempre que o contratado ressarcir a Administração pelos prejuízos causados e após decorrido o prazo de até 2 (dois) anos de suspensão temporária de participação em licitação e impedimento de contratar com a Administração.

Esta sanção da declaração de inidoneidade é de competência exclusiva do Ministro de Estado, Secretário Estadual ou Municipal, conforme o caso (artigo 87, §3º da Lei n. 8.666). Ou seja, cabe ao Ministro de Estado da área de atuação em que está sendo firmado o contrato sancionar administrativamente os contratados. No caso dos contratos com a Petrobras, o Ministro competente é o Ministro das Minas e Energia.

Os crimes cometidos contra o processo licitatório, previstos nos artigos 86 a 99 da Lei n. 8.666, são todos de ação penal pública incondicionada, portanto, de responsabilidade do Ministério Público (artigo 100 da Lei n. 8.666).

A Controladoria-Geral da União deve, no exercício de sua competência, dar andamento às representações ou denúncias fundamentadas

POR QUE A PETROBRAS E A UNIÃO DEVEM SER RESSARCIDAS?

que receber no tocante à lesão ou ameaça de lesão ao patrimônio público (artigo 18, *caput* da Lei n. 10.683, de 28 de maio de 2003). Tem competência para requisitar a instauração de sindicância, procedimentos e processos administrativos e de avocar os que já estão em curso em órgão da Administração Pública Federal sempre que for constatada omissão da autoridade competente (artigo 18, §§1º e 2º da Lei n. 10.683/2003).

Nos casos que configurarem improbidade administrativa, a CGU deve encaminhá-los à AGU, bem como os casos que recomendem a indisponibilidade de bens, o ressarcimento ao erário e outras providências a cargo daquele órgão (artigo 18, §3º da Lei n. 10.683/2003).

Como se vê, às "empreiteiras", se forem consideradas inidôneas, não bastará indenizar a Petrobras e a União. A indenização deverá ser sucedida por uma alteração do controle dos projetos que controlam, sob pena de que, pelo prazo de dois a dez anos, sejam proibidos de contratar com o Poder Público. Só uma alteração de controle, nos casos em que o controlador for acusado e condenado por ato de improbidade e de corrupção, poderá evitar que uma empresa que depende do Poder Público deixe de existir.

É fato notório, para demonstrar as sensíveis repercussões da improbidade e da corrupção (mesmo que em potência), que a mera suspeita já foi suficiente para interromper o fluxo de pagamentos devidos pelo Poder Público aos grupos empresariais envolvidos, ou mesmo para paralisar o financiamento que lhes proviam os bancos públicos e privados. Um abalo no crédito determinou a asfixia sistêmica do setor. Esse estado de coisas causará, em breve, uma redefinição da política de investimentos dos fundos de pensão (parceiros contumazes dessas empresas), forçados pelo que dispõem os artigos 4º, 9º, 13 e 53 da Resolução CMN n. 3792 a romper quaisquer laços com sócios ou mutuários sob forte suspeita de improbidade e corrupção.

Se essas consequências são gravosas às empreiteiras, não serão menos catastróficas para o país, pelo que arruínam o Projeto Nacional de Infraestrutura, determinando o perdimento de todo o aparato legal posto ao seu funcionamento, a exemplo das concessões, das licitações e dos contratos administrativos. A ruína desse projeto determina um atraso intolerável no avanço da infraestrutura material indispensável ao país e, portanto, a contenção do desenvolvimento nacional, com profundos impactos sociais, econômicos e, acima deles, civilizatórios.

3
QUEM DEVE INDENIZAR?

O jurista inglês William Blackstone, para representar o direito societário anglo-saxônico tardo-medieval, ainda sob forte inspiração romana, afirmou: "Uma corporação não pode, à vista de sua capacidade jurídica, cometer traição, ou contravenção, ou outro crime qualquer, seus membros, por outro lado, poderão fazê-lo no exercício de suas distintas capacidades."[32]

Essa lógica, que se arrefeceu no auge das teorias ficcionais[33] e normativistas[34] da personalidade jurídica, retomou vigor modernamente, com a prevalência do conteúdo sobre a forma. Quem comete crime e pratica atos de improbidade são pessoas de carne e osso, mesmo que, o mais das vezes, seja conveniente, para os fins de concreção

---

[32] Cf. BLACKSTONE, William. *Commentaries on the laws of England*. 12. ed. London: Printed by A. Strahan and W. Woodfall, Law-printers to the King's Most Excellent Majesty, for T. Cadell, 1793. v. 1.

[33] Cf. SAVIGNY, F. C. von. *System des Heutigen Römischen Rechts*. Berlin: Bei Deit und Comp., 1840. v. 1, p. 340.

[34] Cf. FERRARA, Francesco. Le persone giuridiche. *In*: FERRARA, Francesco. *Trattato di diritto civile italiano*. Redatto da Diversi Giureconsulti Sotto la Direzione di Fillipo Vassalli. 2. ed. con note di F. Ferrara Jr. Torino: UTET, 1956. v. 2; KELSEN, Hans. *Reine Rechtslehre*. 2. ed. Wien: Franz Deuticke, 1983. p. 135.

das leis, impor sanções à pessoa jurídica (a exemplo do que pretende a Lei Anticorrupção).[35]

Ora, é justamente esse entendimento que se expressa no art. 12 da Lei de Improbidade Administrativa. Está claro que os sujeitos passivos da indenização são os agentes públicos e privados que efetivamente causaram danos ao erário e que, em contrapartida, experimentaram um benefício exclusivo. O mesmo entendimento se depreende do §5º, do art. 158 da Lei das SA.

A imputação de responsabilidade às pessoas jurídicas se dá, portanto, para impedir que, ao se abrigar o produto econômico da delinquência no seu patrimônio, frustre-se o ressarcimento.

No caso das sociedades em conluio com agentes públicos, o mais correto é que se impute responsabilidade aos seus administradores e aos controladores, os efetivos destinatários dos benefícios indevidos. Eventuais valores vertidos nos acervos patrimoniais dessas sociedades, ou

---

[35] Neste sentido, aliás, a doutrina penal evoluiu, sob critérios de conveniência, para impor sanções criminais à pessoa jurídica. Cf., entre outros, GALVÃO, Fernando. *Responsabilidade penal da pessoa jurídica*. 2. ed. Belo Horizonte: Del Rey, 2003; ROTHENBURG, Walter Claudius. *A pessoa jurídica criminosa*: estudo sobre a sujeição criminal ativa da pessoa jurídica. Curitiba: Juruá, 2005; SHECAIRA, Sérgio Salomão. *Responsabilidade penal da pessoa jurídica*. 3. ed. Rio de Janeiro: Elsevier, 2011 e HASCHKE-DOURNAUX, Marianne. *Réflexion critique sur la répression pénale em droit des sociétés*. Paris: L.G.D.J., 2005. Nesses casos, a sujeição criminal ativa da pessoa jurídica decorre (ou deveria decorrer) da necessidade de evitar a inefetividade da pena, sobretudo nas hipóteses em que o proveito econômico do crime se depositou em acervo patrimonial de pessoa jurídica, sob complexas relações contratuais e societárias, para evitar maliciosamente o perdimento das consequencias econômicas do crime. Pretende, de mesmo modo, mas de modo bastante criticável, promover o exercício de vigilância, pelos sócios minoritários, sobre a administração e sobre o controlador, por meio de uma regra de solidariedade reflexa (*i.e.*, quando a pessoa jurídica é obrigada a indenizar, até mesmo aqueles que não delinquiram pagam a conta). Há, ainda, autores que defendem a inconstitucionalidade dos dispositivos do artigo 12 da Lei de Improbidade Administrativa no que diz respeito à extensão das penas a pessoas jurídicas das quais o agente que cometeu ato de improbidade seja sócio majoritário, por infringir o princípio constitucional da personalidade da pena (artigo 5º, XLV da Constituição Federal de 1988). Cf. JUSTEN FILHO, Marçal. *Curso de direito administrativo*. São Paulo: Saraiva, 2005. p. 695.

QUEM DEVE INDENIZAR?

foram sacados (a título de remuneração de administradores e a título de pagamento de dividendos) ou neles permanecem, impactando positivamente o valor das ações, sobretudo, as ações de controle. Essa orientação é particularmente clara entre as sociedades cuja base acionária é composta de minorias, o mais das vezes passivas, às quais não será justo pretender que paguem, mesmo que de maneira reflexa, pela delinquência dos administradores e/ou do controlador. De outro modo, o controlador não tem escusas: detinha todo o instrumental necessário para vigiar e coibir a atuação criminosa dos administradores que indicou e elegeu. Não vale, portanto, com eles se escudar.[36]

A responsabilidade objetiva que a Lei Anticorrupção atribui à pessoa jurídica, e que discrepa desse raciocínio, não impede que, na linha da preservação da empresa, as multas e os ressarcimentos impostos por essa lei sejam pagos por terceiro, em especial pelo controlador. No caso em análise, se o que se quer é a preservação da empresa, esse é o único curso de ação a seguir. E isso, mesmo que a pessoa jurídica tenha se tornado um reservatório que abriga o produto da delinquência, justamente porque o controlador detém a propriedade indireta desse produto, por meio da titularidade das participações societárias que lhe atribuem controle.

Quem tem que indenizar, nesse sentido, são os agentes públicos (incluídos os administradores da Petrobras que delinquiram) e os administradores e controladores de sociedades privadas que se beneficiaram dos atos de improbidade, corrupção e da violação do dever de lealdade.

Essa conclusão permite proteger as empresas, seus contratos, seus projetos, seu *expertise*, seus empregados e todos aqueles que no seu entorno gravitam, desde que a União e a Petrobras sejam ressarcidas rapidamente. Permite também, no caso concreto, socorrer legítimos interesses do país, evitando a ruína do já combalido Projeto Nacional de Infraestrutura.

---

[36] Neste sentido, vide FAZZIO JÚNIOR, Waldo. *Improbidade administrativa*: doutrina, legislação e jurisprudência, 3. ed. São Paulo: Atlas, 2015. p. 68-70. Vide também GARCIA, Emerson; ALVES, Rogério Pacheco. *Improbidade administrativa*. 3. ed. São Paulo: Atlas, 2015. p. 369.

4
COMO INDENIZAR?

4.1 TRANSAÇÃO PÚBLICO-PRIVADA

O ressarcimento rápido da União e da Petrobras, sem prejuízo do seguimento das investigações e dos processos penais em curso, permitirá, apenas no contexto de uma transação, que os grupos empresariais voltem a se relacionar com o Poder Público, seja para receber financiamentos (indispensáveis caso se mantenha o nosso modelo de infraestrutura), seja para receber recursos que lhe são devidos em contratos com a administração.[37]

Questão recorrente, inserta nos movimentos modernizadores do Estado, é o emprego de mecanismos negociais no âmbito das atividades praticadas pelos entes públicos, um fenômeno do chamado de consensualismo na Administração Pública.[38]

---

[37] Segundo informações de matéria jornalística veiculada em 11.5.15, no jornal "Folha de S. Paulo", as empresas da "Lava Jato" têm R$ 24 bilhões a receber da Petrobras. Cf. TALENTO, Aguirre. Empresas investigadas pela Lava Jato têm R$ 24 bi a receber da Petrobras. *Folha de S. Paulo*, São Paulo, 11 maio 2015. Disponível em: <http://www1.folha.uol.com.br/poder/2015/05/1627287-empresas-investigadas-pela-lava-jato-tem-r-24-bi-a-receber-da-petrobras.shtml>.

[38] Sobre a chamada "atuação administrativa consensual", vide GRAUSO, Pierpaolo. *Gli accordi della pubblica amministrazione con i privati*. Milano: Giuffrè, 2007 e ALMEIDA,

A Lei n. 9.469, de 10 de julho de 1997 ("Lei das Transações Público-Privadas"), ao regulamentar o artigo 4º, inciso VI, da Lei Complementar n. 73/93[39] (Lei que institui a Lei Orgânica da Advocacia-Geral da União), afirmou-se como um dos mecanismos concretos desse consensualismo.

A Lei das Transações Público-Privadas prevê a possibilidade de intervenção da União em causas nas quais figurem como partes, autarquias, fundações públicas, sociedades de economia mista e empresas públicas federais, para a celebração de acordos ou transações, em juízo, para encerrar litígio envolvendo a União, suas autarquias e fundações, ou fora de juízo, para evitar litígios iminentes.

O art. 1º da lei determina que o Advogado-Geral da União, diretamente ou mediante delegação, e os dirigentes máximos das empresas públicas federais poderão autorizar a realização de acordos ou transações, em juízo, para terminar o litígio, nas causas de valor até R$ 500.000,00 (quinhentos mil reais).

Quando a causa envolver valores superiores ao referido limite, o acordo ou a transação, sob pena de nulidade, dependerá de prévia e expressa autorização do Advogado-Geral da União e do Ministro de Estado ou do titular da Secretaria da Presidência da República a cuja área de competência estiver afeto o assunto, ou ainda do Presidente da Câmara dos Deputados, do Senado Federal, do Tribunal de Contas da União, de Tribunal ou Conselho, ou do Procurador-Geral da República, no caso de interesse dos órgãos dos Poderes Legislativo e Judiciário, ou do Ministério Público da União, excluídas as empresas públicas federais não dependentes, que necessitarão apenas de prévia e expressa autorização de seu dirigente máximo.

Fernando Dias Menezes de. Mecanismos de consenso no direito administrativo. *In*: ARAGÃO, Alexandre Santos de; MARQUES NETO, Floriano de Azevedo (Coords.). *Direito administrativo e seus novos paradigmas*. Belo Horizonte: Fórum, 2008. p. 335-349.

[39] "Art. 4º São atribuições do Advogado-Geral da União: (...) VI – desistir, transigir, acordar e firmar compromisso nas ações de interesse da União, nos termos da legislação vigente".

COMO INDENIZAR?

A União poderá intervir nas causas em que figurarem, como autoras ou rés, autarquias, fundações públicas, sociedades de economia mista e empresas públicas federais.

A matéria foi pormenorizadamente regulada pelas Portarias AGU n. 109/07, n. 1.547/08, n. 990/2009, n. 2/2014 e pelas Portarias PGF 915/2009, 603/10. A Procuradoria-Geral Federal produziu, em vista da importância do assunto, um Manual de Conciliação.

O ressarcimento da Petrobras e da União, assim como as multas civis e administrativas impostas pela legislação aplicável, pode se dar, desse modo, por meio de uma transação público-privada.

Muito se tem falado de fazê-lo por meio de acordos de leniência, que nos parecem de todo inadequados para a solução do problema.

As transações público-privadas são preferíveis porque tratam predominantemente de indenização, de cobrança de dívidas, de multas e de penalidades de caráter civil e tributário. Isso permite a concretização do interesse estatal de investigar e de punir culpados pela prática de crimes, bem como do exercício do direito de defesa àqueles que foram ou que venham a ser increpados. Permite, portanto, a solução do problema em sua dimensão econômica, provendo, de um lado, ressarcimento à União e à Petrobras (o que recompõe a comutatividade dos contratos superfaturados), bem como o recebimento das multas civis e administrativas cabíveis, e, de outro, chances de sobrevida aos grupos empresariais envolvidos. E permite que isso se dê (*i*) sem a necessidade da longa e custosa tramitação de processos judiciais e administrativos, (*ii*) antes de decisões condenatórias irrecorríveis e, sobretudo, sem que, levado à ruína, o devedor seja incapaz de pagar.

A tabela a seguir expressa as peculiaridades de cada técnica e facilita a conclusão em favor das transações público-privadas, em detrimento do acordo de leniência, que, em última análise, pressupõe uma nota de culpa e, portanto, a exclusão dos confessos do mercado em que atuam, por força do disposto no art. 12 da Lei de Improbidade Administrativa.

ACORDO DE LENIÊNCIA vs. TRANSAÇÃO

	ACORDO DE LENIÊNCIA (Lei n. 12.529/2011 e Lei n. 12.846/2013)	TRANSAÇÃO Lei Complementar n. 73/1993, Lei n. 9.469/1997 e Portarias da AGU, notadamente Portaria n. 2/2014
Benefícios	Redução/isenção de multa e outros benefícios administrativos	Transação para pagamento de valor pecuniário
Culpa	Assunção de culpa	Ausência de assunção de culpa
Beneficiário	Participante da prática ilegal que delata em primeiro lugar outros participantes e colabora com as investigações	Qualquer parte com débito perante unidade administrativa
Autoridade competente	CADE / Controladoria-Geral da União	Advogado Geral da União e Ministro de Estado
Condenação por improbidade pelo mesmo ato	Pode ser condenado	Não pode ser condenado

CONCLUSÃO: a transação é mais adequada ao presente caso.

COMO INDENIZAR?

BENEFÍCIOS DA TRANSAÇÃO

PARA A UNIÃO E PETROBRÁS	PARA O CONTROLADOR DA EMPREITEIRA
Não impede a imputação de responsabilidade criminal	Não assume culpa
Provê ressarcimento rápido	Pode continuar no mercado
Conserva o plano nacional de infraestrutura	Voltam a poder contratar com Poder Público e retoma execução dos contratos vigentes
Pode transacionar com todas as empreiteiras	Evita o desgaste do processo judicial
Evita que a quebra das empreiteiras produza efeito sistêmico negativo	Permite executar projetos em andamento e garante solvabilidade
Aquecimento do mercado de capitais e desoneração dos cofres públicos, em especial do peso sobre o Estado no financiamento da infraestrutura	Novos sócios privados e eventual capitalização privada

  É importante observar, contudo, que o emprego de transações público-privadas, no caso em tela, deve decorrer de uma interpretação sistemática e teleológica da Lei de Improbidade Administrativa e de todo o aparato legal urdido ao longo dos anos para coibir e para punir a corrupção.

  O §1º, do art. 17 da referida lei veda a transação, o acordo ou a conciliação, uma vez que já tenham sido ajuizadas as ações de improbidade e, antes delas, as medidas de urgência voltadas ao bloqueio do patrimônio daqueles contra os quais pende uma acusação de improbidade.[40 e 41]

---

[40] "Art. 17. A ação principal, que terá rito ordinário, será proposta pelo Ministério Público ou pela pessoa jurídica interessada, dentro de 30 (trinta) dias da efetivação da medida cautelar. § 1º. É vedada a transação, acordo ou conciliação nas ações de que trata o caput". Sobre esta proibição de transação após o ajuizamento da ação de improbidade, vide GARCIA, Emerson; ALVES, Rogério Pacheco. *Improbidade administrativa*. 3. ed. São Paulo: Atlas, 2015. p. 863-869 e FAZZIO JÚNIOR, Waldo. *Improbidade administrativa*: doutrina, legislação e jurisprudência. 3. ed. São Paulo: Atlas, 2015. p. 456-457.

[41] Até o momento foram ajuizadas as seguintes ações: 1) AÇÃO CIVIL PÚBLICA DE IMPROBIDADE ADMINISTRATIVA N. 5006695-57.2015.4.04.7000, em trâmite na 3ª Vara Federal de Curitiba, distribuída em 20/02/2015 pelo Ministério Público Federal (com ingresso posterior da Petrobras no polo ativo), contando com a União como interessada, e como réus SERGIO CUNHA MENDES, MENDES JUNIOR PARTICIPACOES S/A – MENDESPAR, ROGERIO CUNHA DE OLIVEIRA, JOSE HUMBERTO CRUVINEL RESENDE, ANGELO ALVES MENDES, ALBERTO ELISIO VILACA GOMES, PAULO ROBERTO COSTA e MENDES JUNIOR TRADING E ENGENHARIA S A; 2) MEDIDA CAUTELAR DE ARRESTO N. 5020163-88.2015.4.04.7000, em trâmite na 3ªVara Federal de Curitiba, distribuída em 29/04/2015 pelo Ministério Público Federal contra SERGIO CUNHA MENDES, MENDES JUNIOR PARTICIPACOES S/A – MENDESPAR, ROGERIO CUNHA DE OLIVEIRA, JOSE HUMBERTO CRUVINEL RESENDE, ANGELO ALVES MENDES, ALBERTO ELISIO VILACA GOMES e MENDES JUNIOR TRADING E ENGENHARIA S A; 3) AÇÃO CIVIL PÚBLICA DE IMPROBIDADE ADMINISTRATIVA N. 5006675-66.2015.4.04.7000, em trâmite na 5ª Vara Federal de Curitiba, distribuída em 20/02/2015 pelo Ministério Público Federal contra OAS S.A., AGENOR FRANKLIN MAGALHAES MEDEIROS, MATEUS COUTINHO DE SA OLIVEIRA, PAULO ROBERTO COSTA, JOSE RICARDO NOGUEIRA BREGHIROLLI, COESA ENGENHARIA LTDA., JOSE ADELMARIO PINHEIRO FILHO, JOÃO ALBERTO LAZZARI, FERNANDO AUGUSTO STREMEL ANDRADE e CONSTRUTORA OAS LTDA; 4) MEDIDA CAUTELAR DE ARRESTO N. 5020201-03.2015.4.04.7000, em trâmite na 5ªVara Federal de Curitiba, distribuída em 20/02/2015 pelo Ministério Público Federal contra OAS S.A., AGENOR FRANKLIN MAGALHAES MEDEIROS, MATEUS COUTINHO DE SA OLIVEIRA, JOSE RICARDO NOGUEIRA BREGHIROLLI, COESA ENGENHARIA LTDA., JOSE ADELMARIO PINHEIRO FILHO, JOÃO ALBERTO LAZZARI, FERNANDO AUGUSTO STREMEL ANDRADE e CONSTRUTORA OAS LTDA; 5) AÇÃO CIVIL PÚBLICA DE IMPROBIDADE ADMINISTRATIVA N. 5006628-92.2015.4.04.7000, em trâmite na 2ª Vara Federal de Curitiba, distribuída em 20/02/2015 pelo Ministério Público Federal (com ingresso posterior da Petrobras no polo ativo), contando com a União como interessada, e como réus PAULO ROBERTO COSTA, NEWTON PRADO JUNIOR, LUIZ ROBERTO PEREIRA, JACKSON EMPREENDIMENTOS S/A, GERSON DE MELLO ALMADA,

COMO INDENIZAR?

É bem por isso que o melhor é que a transação se dê rapidamente, antes do ajuizamento das ações de improbidade, o que afastaria a incidência da norma do art. 17. Ainda que assim não seja, uma interpretação

---

ENGEVIX ENGENHARIA S/A e CARLOS EDUARDO STRAUCH ALBERO; 6) MEDIDA CAUTELAR INOMINADA N. 5016517-70.2015.4.04.7000, em trâmite na 2ª Vara Federal de Curitiba, distribuída em 07/04/2015 pelo Ministério Público Federal contra NEWTON PRADO JUNIOR, LUIZ ROBERTO PEREIRA, JACKSON EMPREENDIMENTOS S/A, GERSON DE MELLO ALMADA, ENGEVIX ENGENHARIA S/A e CARLOS EDUARDO STRAUCH ALBERO; 7) AÇÃO CIVIL PÚBLICA DE IMPROBIDADE ADMINISTRATIVA N. 5006694-72.2015.4.04.7000, em trâmite na 5ªVara Federal de Curitiba, distribuída em 20/02/2015 pelo Ministério Público Federal contra PAULO ROBERTO COSTA, JEAN ALBERTO LUSCHER CASTRO, GALVAO PARTICIPACOES S.A., GALVAO ENGENHARIA S/A, ERTON MEDEIROS FONSECA, EDUARDO DE QUEIROZ GALVÃO e DARIO DE QUEIROZ GALVÃO FILHO; 8) MEDIDA CAUTELAR DE ARRESTO N. 5020076-35.2015.4.04.7000, em trâmite na 5ªVara Federal de Curitiba, distribuída em 29/04/2015 pelo Ministério Público Federal contra GALVAO PARTICIPACOES S.A. e GALVAO ENGENHARIA S/A; 9) MEDIDA CAUTELAR DE ARRESTO N. 5022388-81.2015.4.04.7000, em trâmite na 5ª Vara Federal de Curitiba, distribuída em 12/05/2015 pelo Ministério Público Federal contra EDUARDO DE QUEIROZ GALVÃO; 10) MEDIDA CAUTELAR DE ARRESTO N. 5022287-44.2015.4.04.7000, em trâmite na 5ªVara Federal de Curitiba, distribuída em 11/05/2015 pelo Ministério Público Federal contra JEAN ALBERTO LUSCHER CASTRO; 11) MEDIDA CAUTELAR DE ARRESTO N. 5022416-49.2015.4.04.7000, em trâmite na 5ªVara Federal de Curitiba, distribuída em 12/05/2015 pelo Ministério Público Federal contra ERTON MEDEIROS FONSECA; 12) MEDIDA CAUTELAR DE ARRESTO N. 5022468-45.2015.4.04.7000, em trâmite na 5ª Vara Federal de Curitiba, distribuída em 11/05/2015 pelo Ministério Público Federal contra DARIO DE QUEIROZ GALVÃO FILHO; 13) AÇÃO CIVIL PÚBLICA DE IMPROBIDADE ADMINISTRATIVA N. 5006717-18.2015.4.04.7000, em trâmite na 5ª Vara Federal de Curitiba, distribuída em 20/02/2015 pelo Ministério Público Federal contra SANKO SIDER COM. IMP. EXP. PROD. SID. LTDA, CONSTRUCOES E COMERCIO CAMARGO CORREA S/A, SANKO SERVICOS DE PESQUISA E MAPEAMENTO LTDA, CAMARGO CORREA S/A, MARCIO ANDRADE BONILHO, JOAO RICARDO AULER, EDUARDO HERMELINO LEITE, DALTON DOS SANTOS AVANCINI e PAULO ROBERTO COSTA; e 14) MEDIDA CAUTELAR INOMINADA N. 5019974-13.2015.4.04.7000, em trâmite na 5ª Vara Federal de Curitiba, distribuída em 28/04/2015 pelo Ministério Público Federal contra SANKO SIDER COM. IMP. EXP. PROD. SID. LTDA, CONSTRUCOES E COMERCIO CAMARGO CORREA S/A, SANKO SERVICOS DE PESQUISA E MAPEAMENTO LTDA, CAMARGO CORREA S/A, MARCIO ANDRADE BONILHO, JOAO RICARDO AULER, EDUARDO HERMELINO LEITE e DALTON DOS SANTOS AVANCINI.

sistemática e teleológica da lei, reitere-se, permite concluir que a transação de que trata este texto *não importa em qualquer flexibilização dos pleitos econômicos da União e da Petrobras*, mas na sua integral satisfação, ou seja, produz o mesmo efeito econômico em favor do erário que produziria o cumprimento integral de sentença em ação de improbidade transitada em julgado, antes mesmo do ajuizamento dessa ação. Restaria apenas o efeito "político" (que representa uma limitação à capacidade negocial"), traduzido em uma proibição de contratar com o Poder Público. E esse efeito poderá ser tratado, no bojo da transação aqui sugerida, de duas formas alternativas: (*i*) a transação, porque se dá antes do ajuizamento da ação, permite afastar a proibição; ou (*ii*) a transação não dá quitação em relação ao impedimento, o que permitiria o subsequente ajuizamento da ação de improbidade, apenas para os fins de impor a proibição de contratar. Em qualquer hipótese, o que vale considerar, é que todas finalidades da lei serão atingidas por meio da transação, e muito mais rápido do que se faria através de uma demanda judicial.

Nos casos em que já foram ajuizadas as ações a que se refere o art. 16 da Lei de Improbidade Administrativa, nada impede que, no contexto da Lei n. 9.469 (Lei de Transações Público-Privadas), o Estado receba o pagamento pretendido, fora dos autos. Ora, se o devedor quer pagar, e efetivamente paga toda a dívida, não é mesmo dado ao credor refutar o pagamento, sob pena de que se caracterize uma *mora creditoris*. No caso concreto, uma transação fora dos autos das ações de improbidade é perfeitamente legal, desde que não importe em renúncia a qualquer direito creditório, ou seja, desde que ocorra o pagamento integral da dívida. Assim, haverá transação em sentido impróprio, ou seja, transação sem renúncia de direitos da União e da Petrobras, que simplesmente receberão, da forma mais conveniente, o pagamento pretendido. Essa transação em sentido impróprio esvaziará o objeto econômico das ações de improbidade propostas, mas não importará, contudo, na sua extinção, com o que seguirão os pedidos de proibição de contratar, ou seja, o efeito político da improbidade imposto pelo artigo 12 da lei.

Essa ocorrência, repise-se, caracteriza uma transação apenas em sentido impróprio. E isso não é novidade. Trata-se de uma promessa

COMO INDENIZAR?

abstrata de prestação, no bojo da ideia de reconhecimento (i.e, de uma declaração de verdade pronunciada contra si) como causa de obrigação, sistematizada desde o século XIX pelo direito alemão, a partir de célebre estudo de Otto Bähr ("O reconhecimento como causa de obrigação").[42]

A evolução do tratamento da confissão da verdade determinou, em atendimento às conveniências, uma especialização das causas de obrigação, pelo que uma assunção subsequente de dívida não importa mais necessariamente na confissão da conduta que deu causa remota ao crédito, a exemplo daquela conduta que caracteriza responsabilidade como causa de um determinado dever de prestar. Desse modo, quem promete pagar uma dívida não confessa necessariamente um comportamento ao qual se imputa a responsabilidade que daria causa à dívida confessada. Assim como, por exemplo, alguém que promete reparar danos sem confessar tê-los causado. E é por isso que, nesse caso, não se trata mais de uma confissão de verdade, como causa remota da dívida, mas de um reconhecimento abstrato, que a melhor doutrina tem chamado de promessa abstrata

---

[42] Cf. BÄHR, Otto. *Die Anerkennung als Verplichtungsgrund*. Leipzig: G. H. Wigand, 1894. A solução remonta, contudo, ao processo romano (como sistema de justiça privada, um *ordo iudicium privatorum*), na articulação de duas fases processuais: *in iure* e *apud iudicem*. As fontes se referem a dois tipos de confissão: a *confessio in iure*, que ocorria na primeira fase do processo formulário, perante o magistrado, e a *confessio in iudicio*, que se dava na fase seguinte, perante o juiz privado. Cf. LIEBMAN, Enrico Tullio. *Problemi del processo civile*. Pompei: Morano Editore, 1962. p. 178 a 181. Na fase *in iure*, verificava-se a existência de uma controvérsia, delimitando-se os seus termos. Diante da afirmação com a qual o autor buscava demonstrar o seu direito, cabia ao adversário apenas negar ou reconhecer (confessar) a pretensão deduzida. No primeiro caso, o magistrado concedia a fórmula, seguindo-se então a *litis contestatio*, que era o contrato judicial por meio do qual o autor e o réu concordavam em remeter a questão ao juiz privado. Havendo confissão de dívida de quantia certa, o processo não tinha sequer início. A confissão na instância *in iure* dispensava, portanto, qualquer providência do magistrado, pelo que a declaração da parte valia como condenação. Daí a passagem de Paulo: *Confessus pro iudicato est, qui quodammodo sua sententia damnatur* (D. 42, 2, 1). A falta de confissão na instância *in iure* não impedia, contudo, que o réu reconhecesse, na instância seguinte, a verdade dos fatos afirmados pelo autor. Nesse caso se dava, então, uma *confessio in iudiio*, a qual se supõe, em vista da escassez das fontes, que servisse como elemento de convicção do magistrado. Cf. MOREIRA ALVES, José Carlos. *Direito romano*. Rio de Janeiro: Forense, 1987. v. 1, p. 267.

de prestação[43], que se distingue, bem por isso, do negócio jurídico de acertamento.[44]

A transação em sentido impróprio é, portanto, um negócio abstrato. Permite que a Petrobras e a União recebam o que entendem lhes ser devido, e que as "empreiteiras" paguem essa dívida, sem que esses fatos (o pagamento e o recebimento) caracterizem uma confissão de corrupção e de afronta à administração pública. Permite resolver o problema na sua acepção exclusivamente econômica. Preservam-se, portanto, (*i*) a faculdade da União e da Petrobras de acusar (a corrupção e a improbidade) e de pretender a imposição de uma proibição de contratar com o Poder Público, imposta aos controladores atuais das "empreiteiras" e as suas controladas ao tempo de uma futura e eventual condenação; e (*ii*) o direito de defesa desses de quem se pretende a imposição dos efeitos políticos da improbidade.

Paga a dívida, os efeitos políticos da improbidade (i.e., a proibição de contratar com o Poder Público), caso sobrevenham por determinação de uma sentença transitada em julgado, serão impostos aos controladores e, portanto, às sociedades que controlarem, direta ou indiretamente, no momento em que a sentença se tornar plenamente eficaz. Daí porque, para preservar os projetos de infraestrutura com maior valor de mercado e, sobretudo, os mais estratégicos à satisfação de legítimos interesses nacionais, é conveniente que o pagamento devido à Petrobras e à União se dê por meio da dação de ações de controle de sociedades que os abrigam. A dação dessas ações de controle livra as sociedades controladas (i.e., aquelas que eram controladas pelos acusados de corrupção e de improbidade) dos efeitos políticos da corrupção e da improbidade praticada por seus antigos controladores.

As transações público-privadas, não temos dúvida, são o instrumento adequado para o caso. O seu bom sucesso, com o alcance dos

---

[43] Cf. ENNECCERUS, Ludwig; KIPP, Theodor; WOLF, Martin. *Derecho de obligaciones:* doctrina general. Barcelona: Bosch, 1966. v. 2, pt. 2, p. 876-877.

[44] Cf. Sobre o acertamento, CHATEAUBRIAND FILHO, H. *Negócio de acertamento.* Belo Horizonte: Del Rey, 2005.

objetivos pretendidos (ressarcimento dos prejuízos, preservação das empresas e do projeto nacional de infraestrutura) depende, contudo, da mais conveniente (para o Brasil) determinação do objeto da transação.

4.2 OBJETO DA TRANSAÇÃO

O objeto da transação é a indenização devida à Petrobras e à União, assim como as multas civis e administrativas impostas pela legislação pertinente. A Petrobras já apurou o montante do dano.[45] A União deverá fazê-lo. Ambas, Petrobras e União, deverão individualizar o dano, com o que se caracterizará um pleito indenizatório e um pleito de cobrança de multa contra cada um dos agentes públicos e privados envolvidos.

A possibilidade de transação será, então, ofertada pela Petrobras e pela União apenas aos agentes privados.

A indenização poderá ocorrer por meio: (*i*) da dação de ações de controle, no todo ou em parte, das sociedades que compõem os grupos empresariais envolvidos, de propriedade dos seus administradores e/ou dos seus controladores (jamais de bens e de ativos das sociedades)[46 e 47]; e, em sendo insuficientes, (*ii*) de pagamento em dinheiro e/ou (*iii*) da dação em pagamento de outros bens de propriedade dos administradores e/ou dos controladores das sociedades componentes dos grupos empresariais envolvidos.

Essas participações societárias devem ser escolhidas com vistas à sua futura alienação. É elemento central ao bom sucesso da solução que sejam escolhidas ações de controle de sociedades que detêm projetos

---

[45] Cf. nota 21 supra.

[46] Para que não se comprometa a sua operação e a sua capacidade de financiamento.

[47] Apenas cinco das vinte e nove empresas envolvidas na operação "Lava Jato" organizam-se sob a forma de sociedades limitadas (*i.e.*, Promon, Sanko, Skanska, NM e Jaraguá). Nesses casos, uma prévia transformação, observados os requisitos legais para tanto, será indispensável.

essenciais ao plano nacional de infraestrutura, e que, por isso, tenham valor intrínseco e estratégico (*cherry picking*).

A dação de ações de controle deve ser revestida de cuidados, por razões óbvias, no caso de sociedades que tenham ingressado com pedidos de recuperação judicial.[48]

Em qualquer hipótese, antes da dação, no todo ou em parte, de ações de controle, à Petrobras e à União será dado avaliá-las, por meio de avaliador especialmente escolhido e contratado. No caso de empresas em recuperação judicial, então, adicionalmente à sua avaliação, deverá ser realizado um estudo independente de viabilidade econômico-financeira das sociedades cujo controle será transferido, uma vez que sejam retomados os pagamentos que lhe são devidos pelo Poder Público, os planos de financiamento interrompidos e eventuais aportes adicionais de capital (a serem realizados por quem vier a adquirir essas ações no mercado). Nesses casos, de mesmo modo, parece recomendável que a transação seja submetida à ciência e anuência do juízo, mesmo que seja de todo conveniente aos demais credores, uma vez que provê liquidez aos demais ativos da recuperanda. Uma alienação, antes de ressarcida a Petrobras e a União, em qualquer hipótese caracterizará fraude (contra credores ou à execução).

O procedimento conducente à transação será, portanto, o seguinte: (*i*) a Petrobras e a União informam a indenização pretendida em cada caso; (*ii*) os agentes privados interessados em transacionar informam como pretendem pagar; (*iii*) caso aceitem pagar com ações de controle, então, a Petrobras e a União escolherão as ações das sociedades essenciais à preservação do Projeto Nacional de Infraestrutura e mandarão, às custas desses agentes privados, realizar a avaliação das participações e demais estudos de viabilidade que se mostrem necessários; (*iv*) realizados tais estudos, a Petrobras e a União informarão se aceitam ou não a dação em pagamento (segundo critérios discricionários) e, em caso positivo, se o agente privado em questão deve aumentar a quantidade de ações ofertadas.

---

[48] A exemplo de OAS S.A e outros do mesmo grupo; Alumni Engenharia, Galvão Engenharia, GDK, Schahin Engenharia, Inepar e outros do mesmo grupo.

COMO INDENIZAR?

Observadas essas etapas[49], ao agente privado é dado aderir ou não à transação (em sentido impróprio). Caso adira, a transação será lavrada por termo e cumprida, de modo que as ações e, complementarmente, o dinheiro e/ou os bens dados em pagamento sejam efetivamente transferidos à Petrobras e a União.

A transação deve prever a revenda das ações dadas em pagamento, por meio de leilões no mercado de capitais.

4.3 EFEITOS DA TRANSAÇÃO

A transação gerará os seguintes efeitos: (*i*) quitação do dever de indenizar a Petrobras e a União, com base nos fundamentos previstos na Lei das SA, na Lei de Improbidade Administrativa e na Lei Anticorrupção; (*ii*) não ajuizamento ou extinção das ações de ressarcimento movidas pela Petrobras e pela União contra o agente privado que transacionou; (*iii*) reestabelecimento dos requisitos formais de idoneidade, para fins de pagamento e execução dos contratos administrativos e de contratação de formas estatais de financiamento; (*iv*) supervisão externa das empresas cujo controlador e/ou administradores transacionaram, para que observem a Lei Anticorrupção e as melhores práticas administrativas, a ser realizada pela CGU ou por outro órgão da administração federal a ser criado; e (*v*) o dever da Petrobras e da União de levar eventuais ações dadas em pagamento à venda, em leilões ou outras formas de oferta pública no mercado de capitais.

Importante notar que a transação, que equivale ao cumprimento de sentença em ação de improbidade (incluindo as penalidades impostas à pessoa jurídica e aos seus "dirigentes" na forma da Lei Anticorrupção), afasta qualquer punição às empresas. A dívida, assumida na transação (antes do ajuizamento da ação), é paga prioritariamente por meio da dação das ações de controle das sociedades que interessam

---

[49] O engajamento no procedimento de transação deve ser precedido de um acordo prévio, revestido de formalidades similares às da transação.

(são essenciais) ao cumprimento projeto nacional de infraestrutura. É, portanto, interesse do Estado receber tais ações em primeiro lugar. Essas ações valem muito mais do que dinheiro, têm um valor extrínseco, pelo que permitem levar a cabo o ameaçado projeto de infraestrutura de todo um país. O pagamento integral da dívida, e não apenas uma parte dela, afasta qualquer responsabilidade civil e administrativa residual, em sentido econômico, que possa levar à sucessão indesejável aos futuros adquirentes dessas ações. A responsabilidade remanescente é a de eficácia política, porque como se disse acima, uma proibição de contratar poderá ser determinada, especialmente se se entender que a transação não poderá abrangê-la. Nesse caso, se o antigo controlador remanescer no controle das sociedades, mesmo pagas as dívidas (i.e., o efeito econômico da improbidade e da corrupção), contagiará as controladas, impedindo que contratem com o Poder Público. E isso é fatal para os grupos empresariais em questão, entranhados no seio do Estado, contrapartes do Estado à montante (em financiamentos) e à jusante (em concessões e demais contratos administrativos). Esse problema, mais uma vez, a dação em pagamento de ações de controle resolve.

Os controladores e administradores de sociedades cujas ações, no todo ou em parte, foram dadas em pagamento deverão se comprometer a realizar todos os atos e assumir os custos necessários para que a Petrobras e a União possam vender tais participações no mercado, na forma prevista no item 5 a seguir.

O descumprimento desses deveres ou a impossibilidade superveniente da venda dos ativos no mercado, por fato de terceiro, imporá aos agentes privados o dever de, em prazo previsto no termo de transação, pagar o valor em aberto ou de substituir os bens dados em pagamento por outros que venham a ser aceitos pela Petrobras e pela União. Se isso não acontecer, a transação perde efeitos desde a data da assinatura do termo.

A transação não gera efeitos na esfera penal e para fins de evitar a proibição de contratar (nas hipóteses em que ações do art. 16 da Lei de Improbidade Administrativa já tenham sido ajuizadas).

4.4 INCENTIVOS À ADESÃO

Importante explicar as razões pelas quais, cremos, os controladores e administradores aderirão à oferta de transação na forma aqui sugerida.

Os incentivos são os seguintes: (*i*) a transação não pressupõe confissão de culpa, o que permite que os controladores e administradores se defendam, tanto em ações onde se pretenda impedi-los de contratar com os Poderes Públicos (o que evidentemente permite a sua permanência nos mercados), quanto em ações criminais; (*ii*) o acordo de leniência pressupõe a confissão de culpa e tem efeitos devastadores imediatos para excluir o confesso do mercado e afastar as possibilidades de defesa criminal; (*iii*) a não adesão à transação levará à quebra das empresas, por asfixia, por falta absoluta de receita, uma vez que são dependentes do financiamento estatal e dos recursos que o Estado lhes paga em contratos administrativos; (*iv*) a quebra levará à imputação de responsabilidade pessoal dos controladores e administradores em benefício dos credores, para além da responsabilidade que lhes será imputada na forma das leis de improbidade, anticorrupção e das normas penais aplicáveis; (*v*) a transação permitirá a preservação da empresa; (*vi*) a transação permitirá, em alguns casos, que os antigos controladores conservem participações minoritárias nos projetos.

5
LEILÃO DAS AÇÕES DE CONTROLE

As ações de controle dadas em pagamento deverão ser ofertadas no mercado, partilhando-se o resultado entre a Petrobras e a União, na forma previamente definida entre AGU, CGU, PGF e os advogados da Petrobras.

Essa medida é interessante porque: (*i*) discrepa das funções da União e da Petrobras manter no seu patrimônio ações de sociedades empresariais, na maior parte companhias fechadas; (*ii*) os custos de agência e de monitoramento das atividades dessas empresas (para além da supervisão no item 4.3 acima) não se justificam; (*iii*) a oferta dessas ações proverá, via mercado de capitais, recursos importantes para a Petrobras e para a União; (*iv*) a realização de várias ofertas simultâneas, assumindo-se por hipótese que a dação de ações seja técnica de ressarcimento adotada por vários agentes privados, é capaz de ajudar no reaquecimento do mercado de capitais brasileiro.

Essas ofertas poderão ser realizadas por meio de leilões na forma da Instrução CVM 286, de 31 de julho de 1998 ("ICVM 286"), com as alterações que lhe impuseram as Instruções CVM 318/99 e 370/02.[50]

---

[50] Exemplos recentes de leilões de participação societária do Estado por meio da ICVM 286 são as de (i) ações de emissão da SERASA S.A. pertencentes aos Banco do Estado

A ICVM 286 dispõe sobre alienação de ações de propriedade de pessoas jurídicas de direito público e de entidades controladas direta ou indiretamente pelo Poder Público e dispensa os registros de que tratam os arts. 19 e 21 da Lei n. 6.385, de 7 de dezembro de 1976, nos casos que especifica. Disciplina, portanto, a alienação de ações de propriedade da União, Estados, Distrito Federal, Municípios e demais entidades da Administração Pública, prevendo casos de dispensa do registro de distribuição do emissor, nos termos e condições que institui.

As dispensas previstas nessa Instrução não se aplicam a ofertas que objetivem a dispersão das ações junto ao público em geral, mas apenas alienação de participações em bloco.

As participações societárias minoritárias de que se tornarem proprietárias a Petrobras e a União poderão ser alienadas, na forma da ICVM 286, através de leilão especial, em bolsa de valores ou em mercado de balcão organizado, com identificação do alienante.

Caso o objeto de leilão seja participação em companhia aberta, cujas ações são admitidas à negociação em bolsas de valores ou em mercado de balcão organizado, a alienação será precedida de aviso publicado, com antecedência mínima de dois dias úteis, em boletim diário de informações da instituição onde será realizado o leilão, e divulgado através de fax ou meio eletrônico às demais bolsas ou entidades de balcão organizado.

Na hipótese de o objeto do leilão serem participações em companhia aberta cujas ações não sejam admitidas à negociação em bolsa de valores ou em mercado de balcão organizado, bem como em companhia fechada, a alienação será precedida de edital, previamente aprovado pela CVM, que conterá, necessariamente: (*i*) informações sobre o objeto do leilão; (*ii*) modo pelo qual se realizará; (*iii*) possibilidade de interferência de vendedores; (*iv*) possibilidade de preferência ao arrematante que se

---

do Pará S.A.; (ii) ações de companhias do Complexo Aracati pertencentes a Furnas Centrais Elétricas S.A.; e (iii) ações do Governo do Estado de São Paulo na Companhia de Transmissão de Energia Elétrica Paulista.

propuser a adquirir todo o lote ofertado de ações emitidas por companhia fechada; (*v*) condição da companhia, se fechada ou aberta; (*vi*) advertência, no caso de companhia fechada, de que as ações somente poderão ser negociadas por seus adquirentes através de transações privadas; e (*vii*) demais características da operação.

O referido edital deve ser publicado pelo menos uma vez em jornal de grande circulação na localidade em que será realizado o leilão e na capital do Estado em que a entidade pública tiver sua sede, com antecedência mínima de cinco dias.

O aviso e o edital devem fazer referência ao ato do poder legislativo ou executivo dos respectivos entes federativos, à disposição legal ou estatutária que autorize a alienação das ações.

Uma descrição pormenorizada dos procedimentos que devem ser adotados à realização do leilão compõe o *Anexo 1* a este parecer.

6

ALTERNATIVA

Alternativa aos leilões na forma da ICVM 286 é a realização obrigatória (nos termos da transação) do registro de emissor e a oferta pública das ações da companhia que recebidas em dação em pagamento, na forma da Instrução CVM 400 ou da Instrução CVM 476. Essa solução é igualmente interessante, mesmo que mais trabalhosa, porque é capaz de promover um aquecimento ainda maior do mercado de capitais, levando à negociação bolsista as ações de companhias que não eram listadas e as submetendo às melhores regras de governança e ao *full disclosure*.

Essa hipótese será igualmente benéfica nos casos em que uma capitalização é indispensável ao bom sucesso da atividade empresarial, a exemplo daquelas sociedades pré-operacionais, que ainda não captaram todos os recursos necessários ao provimento dos chamados *capital expenditures* ou das que se encontram em recuperação judicial. Isso porque poderá contemplar simultaneamente uma oferta secundária (para a alienação das ações dadas em pagamento) e uma oferta primária, com emissões de novas ações que, vendidas, irão capitalizar o projeto.

7
ESTÍMULO À CRIAÇÃO DE ESTRUTURAS DE MERCADO

Em qualquer hipótese, sejam alienadas as ações por meio do leilão da ICVM 286 ou da oferta pública da ICVM 400 ou da ICVM 476, é recomendável o estímulo à criação de estruturas de mercado, a exemplo de fundos de investimento em participações (sob a Instrução CVM 391), com a finalidade de, no primeiro caso, concorrer à aquisição do bloco de ações alienadas em cada leilão e, no segundo caso, de aceitar, no todo ou em parte, a oferta pública.

Esses fundos, cujas quotas poderiam ser ofertadas por meio de ofertas públicas, seriam capazes de prover garantia de alcance dos preços mínimos nos leilões e de aquisição em oferta pública, na quantidade mínima necessária para o seu sucesso.

8

RISCOS PARA O ADQUIRENTE

A solução de que trata este parecer impõe aos futuros adquirentes das participações societárias riscos bastante compatíveis àqueles normalmente assumidos em situações análogas de mercado. É bem verdade, contudo, que os ativos advêm originalmente de alguns titulares insertos em grave crise empresarial. Mas os riscos se mitigam porque o alienante, neste caso, será o Estado. A União e a Petrobras recebem as participações em pagamento e, em seguida, alienam-nas. Esse anteparo estatal, que se põe entre alienante problemático e adquirente avesso a riscos é, desde logo, um elemento capaz de diminuir riscos ao adquirente e, portanto, de prover liquidez aos ativos. Mas esse fato, ainda que verdadeiro, merece considerações sobre o adequado tratamento (*i*) das dívidas e das contingências das sociedades emissoras das participações societárias alienadas; bem como (*ii*) das dívidas e das contingências dos alienantes originários.

As dívidas conhecidas das sociedades de propósito específico emissoras das participações alienadas deverão ser contempladas na avaliação do ativo, justamente porque são determinantes diretos do seu preço. Quanto mais volumosas forem as dívidas e as contingências, menor será o preço. Isso porque, nesse caso, o dever de pagar as dívidas e as contingências, quando materializadas, continuará a ser das sociedades emissoras, ainda que alterada a sua administração e o seu quadro societário em razão da dação em pagamento e da subsequente alienação. É igualmente possível, contudo, a adoção da estratégia inversa, especialmente conveniente quando o alienante originário for solvável e as contingências da sociedade emissora de improvável materialização. Nessa hipótese, o alienante originário assume a responsabilidade pelo pagamento de dívidas e de contingencias da sociedade e, bem por isso, o valor das ações dadas em pagamento será maior.

O pagamento de dívidas e de contingências ocultas materializadas deverá, por outro lado, correr integralmente pelo alienante originário e pelos demais sócios ou acionistas originários que remanescerem no quadro societário após a dação. O termo de transação deverá, por certo, contemplar uma previsão expressa nesse sentido. Mas isso não é suficiente para afastar todos os problemas potenciais causados por dívidas e contingências ocultas.

O cumprimento de deveres e de responsabilidades imputáveis ao alienante originário depende, em qualquer hipótese, de sua solvabilidade, seja à época da transação seja, mais tardiamente, quando da materialização eventual de contingências (que, em razão de uma das estratégias mencionadas acima, sejam de sua responsabilidade).

Tais riscos são normalmente tratados por meio de contas garantia e da retenção condicional de parte do preço. Aqui também, essa é uma solução possível. Não na primeira parte da operação (i.e., quando da dação), porque nessa ocasião não há pagamento em dinheiro. Mas, na segunda parte (ou seja, quando da alienação das participações no mercado), seria de todo aceitável que a Petrobras e a União se submetessem à retenção de parte do preço que lhes será devido. Isso, contudo, desde que esse inconveniente fosse precificado anteriormente, quando da avaliação. Ou seja, nos casos em que se identifique, desde o início, necessária uma retenção parcial do preço (porque a situação financeira do alienante originário é precária), então, um menor valor deverá ser atribuído aos ativos para os fins de sua dação em pagamento e, portanto, uma maior quantidade de participações será necessária para pagar a dívida com a União e com a Petrobras.

RISCOS PARA O ADQUIRENTE

É certo, contudo, que essas retenções de preço, em situações normais de mercado, são ajustadas (em seus aspectos quantitativos [quanto será retido?] e qualitativos [em que hipóteses e por quanto tempo?]) após muitas rodadas de negociação. Aqui, a necessidade dessa retenção será, caso a caso, estabelecida pelos *advisors* da União e da Petrobras, e será um dado da oferta de venda, que caberá aos interessados apenas aceitar ou não.

Em quaisquer hipóteses, mesmo que uma retenção de preço não seja estabelecida, isso não inviabilizará a alienação, porque, ainda que a avaliação não o faça adequadamente, o mercado precificará o risco de sucessão, atribuindo preço mais baixo às participações ofertadas ou, no extremo, frustrando a oferta de venda (por falta de aderentes). Daí porque, o termo de transação deverá contemplar o dever do alienante originário de reforçar o pagamento, nos casos em que a Petrobras e a União não sejam capazes de arrecadar, com a alienação no mercado, todo o montante necessário para quitar a indenização e as multas civis que pretendem.

De todo o modo, para uma adequada precificação dos riscos pelos potenciais adquirentes, a oferta de venda deve deixar absolutamente claro que a Petrobras e a União não respondem (senão eventualmente por meio da retenção de parte do preço) por sucessão, pelo adquirente, de dívidas e de contingências da sociedade ou mesmo do alienante originário.

Merece atenção, para além das situações acima exploradas, a hipótese de sucessão pelo adquirente de dívidas do alienante originário.

A alienação de ativos do empresário endividado, com o fim de manter a empresa, é permitida pela norma do artigo 164 do Código Civil, que reproduz o texto do artigo 112 do código anterior. A alienação de ativos, nas circunstâncias e para os fins descritos neste parecer, não configura em princípio trespasse – previsto no artigo 1.146 do Código Civil –, e não deve, portanto, determinar a imputação de responsabilidade ao adquirente pelas dívidas do alienante constituídas antes da transferência.

Deve-se lembrar, entretanto, que a permissão legal para vender ativos não se mantém se já houver execução em curso, capaz de reduzir o alienante à insolvência. Assim, se incidente a norma do artigo 593 do Código de Processo Civil e o juiz declarar fraude à execução, o negócio será desfeito. Por isso, a caracterização prévia da solvabilidade do alienante originário, no momento da transação, será, em qualquer hipótese, indispensável.

Essa condição poderá, contudo, ser flexibilizada no âmbito da recuperação judicial e da falência. As regras do artigo 60 e do inciso II do artigo 141 da Lei n. 11.101/2005 (Lei de Falências e Recuperação de Empresas) têm a finalidade de regular e de restringir a aplicação da regra da sucessão, afastando-a, no âmbito de um plano de recuperação, também em relação aos créditos trabalhistas, quando a alienação do ativo concorrer à efetiva reabilitação da atividade, ou, ainda, na realização dos ativos do falido. O processamento do pedido de recuperação suspende as execuções e as demais medidas de cobrança em face da recuperanda e torna possível angariar recursos para pagar credores e reabilitar a atividade empresarial. A solução prevista neste parecer, ou seja, o pagamento da Petrobras e da União é condição necessária à liquidez dos ativos (de todos os ativos) do alienante originário, especialmente nos casos em que já exista uma ordem de bloqueio no bojo das ações previstas nos artigos 16 e 17 da Lei de Improbidade Administrativa. Assim, ressarcir a Petrobras e a União e pagar as multas que lhe são devidas será pressuposto da recuperação empresarial daquelas empreiteiras que já pleitearam o processamento de recuperação judicial. Nesses casos, contudo, para que a dação em pagamento não seja questionada judicialmente, deverá ser previamente aprovada em assembleia de credores, sob todos os incentivos, em especial, repise-se, a alienabilidade de todos os demais ativos da recuperanda.

9
O PLANO EM CONCRETO E A SUA EXECUÇÃO

Sugerimos, no *Anexo 2,* uma minuta de transação, justamente para evitar equívocos ou confusões acerca do que este parecer propõe.

A adoção das medidas aqui descritas prescinde de lei específica, justamente porque se encontram plenamente fundamentadas em normas já postas no nosso ordenamento. Será, contudo, de todo conveniente, a criação de regulação específica pelo Executivo, de modo a criar um grupo de trabalho dedicado à execução das medidas necessárias ao bom sucesso do plano. Tais peças regulatórias foram igualmente propostas nos *Anexos 3 e 4.*

10
CONCLUSÕES

As soluções propostas são bastante simples, especialmente se comparadas com a magnitude dos problemas que são, como acreditamos, capazes de resolver. E, por isso, para além de todas as razões aqui descritas, apresentamos este trabalho à análise e à reflexão das autoridades públicas competentes.

BIBLIOGRAFIA

ALMEIDA, Fernando Dias Menezes de. Mecanismos de consenso no direito administrativo. *In*: ARAGÃO, Alexandre Santos de & MARQUES NETO, Floriano de Azevedo (Coords.). *Direito administrativo e seus novos paradigmas*. Belo Horizonte: Fórum, 2008.

BADURA, Peter. *Wirtschaftsverfassung und Wirtschaftsverwaltung*: Ein exemplarischer Leitfaden. 2. ed. Tübingen: Mohr Siebeck, 2005.

BÄHR, Otto. *Die Anerkennung als Verplichtungsgrund*. Leipzig: G. H. Wigand, 1894.

BANDEIRA DE MELLO, Celso Antônio. *Curso de direito administrativo*. 20. ed. São Paulo: Malheiros Ed., 2006.

BENJAMIN, Cesar. É pau, é pedra, é o fim de um caminho: A crise, a dissolução da esquerda e o legado conservador do lulismo. *Revista Piauí*, São Paulo, 103, p. 16-18, abr. 2015. Disponível em: <http://revistapiaui.estadao.com.br/edicao-103/tribuna-livre-da-luta-de-classes/e-pau-e-pedra-e-o-fim-de-um-caminho>.

BERCOVICI, Gilberto. *Direito econômico do petróleo e dos recursos minerais*. São Paulo: Quartier Latin, 2011.

BLACKSTONE, William. *Commentaries on the laws of England*. 12. ed. London: Printed by A. Strahan and W. Woodfall, Law-printers to the King's Most Excellent Majesty, for T. Cadell, 1793. v. 1.

BNDES: um banco de história e de futuro. Disponível em: <http://www.bndes.gov.br/SiteBNDES/export/sites/default/bndes_pt/Galerias/Arquivos/

BIBLIOGRAFIA

conhecimento/livro/livro_BNDES_um_banco_de_historia_e_do_futuro. pdf>. Acesso em: 12 maio 2015.

_____. *Estatísticas operacionais*. Disponível em: <http://www.bndes.gov.br/SiteBNDES/bndes/bndes_pt/Institucional/BNDES_Transparente/Estatisticas_Operacionais/estatisticas_download.html>. Acesso em: 12 maio 2015.

_____. *Estatísticas operacionais do Sistema BNDES*. Disponível em: <http://www.bndes.gov.br/SiteBNDES/bndes/bndes_pt/Institucional/BNDES_Transparente/Estatisticas_Operacionais/>. Acesso em: 12 maio 2015.

BRUNHOFF, Suzanne de. *The State, capital and economic policy*. London: Pluto Press, 1978.

CAMPOS, Pedro Henrique Pedreira. *Estranhas catedrais*: as empreiteiras brasileiras e a Ditadura Civil-Militar, 1964-1988. Niterói: EdUFF, 2014.

CARVALHOSA, Modesto, *Comentários à Lei de Sociedades Anônimas*. 5. ed. São Paulo: Saraiva, 2011. v. 4, t. 1.

CHATEAUBRIAND FILHO, H. *Negócio de acertamento*. Belo Horizonte: Del Rey, 2005.

CHENOT, Bernard. *Organisation économique de l'État*. 2. ed. Paris: Dalloz, 1965.

CIRENEI, Maria Teresa. *Le imprese pubbliche*. Milano: Giuffrè, 1983.

COLSON, Jean-Philippe. *Droit public économique*. 3. ed. Paris: L.G.D.J., 2001.

DELVOLVÉ, Pierre. *Droit public de l'économie*. Paris: Dalloz, 1998.

DI PIETRO, Maria Sylvia Zanella. *Direito administrativo*. 20. ed. São Paulo: Atlas, 2007.

DÖRR, Oliver. Die Anforderungen an ein zukunftsfähiges Infrastrukturrecht. *Veröffentlichungen der Vereinigung der Deutschen Staatsrechtslehrer*. 2014. v. 73, p. 323-367.

EMMERICH, Volker. *Das Wirtschaftsrecht der öffentlichen Unternehmen*. Bad Homburg; Berlin; Zürich: Verlag Gehlen, 1969.

ENNECCERUS, Ludwig; KIPP, Theodor; WOLF, Martin. *Derecho de obligaciones*: doctrina general. Barcelona: Bosch, 1966. v. 2, pt. 2.

BIBLIOGRAFIA

FARJAT, Gérard. *Droit économique*. Paris: PUF, 1971.

FAZZIO JÚNIOR, Waldo. *Improbidade administrativa*: doutrina, legislação e jurisprudência. 3. ed. São Paulo: Atlas, 2015.

FERRARA, Francesco. Le persone giuridiche. *In*: FERRARA, Francesco. *Trattato di diritto civile italiano*. Redatto da Diversi Giureconsulti Sotto la Direzione di Fillipo Vassalli. 2. ed. con note di F. Ferrara Jr. Torino: UTET, 1956. v. 2.

FERREIRA, Waldemar Martins. *A sociedade de economia mista em seu aspecto contemporâneo*. São Paulo: Max Limonad, 1956.

FLEINER, Fritz. *Les principes généraux du droit administratif allemand*. Paris: Librairie Delagrave, 1933.

FORSTHOFF, Ernst. *Lehrbuch des Verwaltungsrechts*. 9. ed. München: Verlag C. H. Beck, 1966. v. 1.

FRISCHMANN, Brett M. An economic theory of infrastructure and commons management. *Minnesota Law Review*, v. 89, p. 917-1030, Abr. 2005. Disponível em: <http://papers.ssrn.com/sol3/papers.cfm?abstract_id=588424>.

GALVÃO, Fernando. *Responsabilidade penal da pessoa jurídica*. 2. ed. Belo Horizonte: Del Rey, 2003.

GARCIA, Emerson & ALVES, Rogério Pacheco. *Improbidade administrativa*. 8. ed. São Paulo: Saraiva, 2014.

GIANNINI, Massimo Severo. *Diritto pubblico dell'economia*. Reimpr. da 3. ed. Bologna: Il Mulino, 1999.

GRAU, Eros Roberto. *Elementos de direito econômico*. São Paulo: Ed. Revista dos Tribunais, 1981.

_____. *A Ordem Econômica na Constituição de 1988 (interpretação e crítica)*. 12. ed. São Paulo: Malheiros Ed., 2007.

GRAUSO, Pierpaolo. *Gli accordi dela pubblica amministrazione con i privati*. Milano: Giuffrè, 2007.

GRISINGER, Joanna L. *The unwieldy American State*: administrative politics since the New Deal. Cambridge; New York: Cambridge University Press, 2012.

67

BIBLIOGRAFIA

HADFIELD, Gillian K. Legal infrastructure and the new economy. *I/S*: a Journal of Law and Policy, v. 8, p. 1-58, 2012.

HALEY, Usha C. V. & HALEY, George T. *Subsidies to chinese industry*: State capitalism, business strategy, and trade policy. Oxford; New York: Oxford University Press, 2013.

HASCHKE-DOURNAUX, Marianne. *Réflexion critique sur la répression pénale em droit des sociétés*. Paris: L.G.D.J., 2005.

HERMES, George, Foundations and structure of state responsibility for infrastructure. *Journal of Network Industries*, v. 1, n. 2, p. 224-243, 2000.

HUBER, Ernst Rudolf. *Wirtschaftsverwaltungsrecht*. 2. ed. Tübingen: J. C. B. Mohr (Paul Siebeck), 1953. v. 1.

JOHNSON, Chalmers. *Japan: who governs?* The rise of the developmental State. New York; London: W. W. Norton & Company, 1995.

JUSTEN FILHO, Marçal. *Curso de direito administrativo*. São Paulo: Saraiva, 2005.

KELSEN, Hans. *Reine Rechtslehre*. 2. ed. Wien: Franz Deuticke, 1983.

KRAMER, Daniel C. *State capital and private enterprise*: the case of the UK National Enterprise Board. New York: Routledge, 1988.

KUISEL, Richard F. *Le capitalisme et l'État en France*: modernisation et dirigisme au xxe siècle. Paris: Gallimard, 1984.

LEE, Peter. The evolution of intellectual infrastructure. *Washington Law Review*. v. 83, p. 39-122, 2008.

LIEBMAN, Enrico Tullio. *Problemi del processo civile*. Pompei: Morano Editore. 1962.

MARSHALL, Tim. *Planning major infrastructure:* a critical analysis. New York; London: Routledge, 2013.

MARTINS, Carlos Estevam. *Capitalismo de Estado e modelo político no Brasil*. Rio de Janeiro: Graal, 1977.

MOREIRA ALVES, José Carlos. *Direito romano*. Rio de Janeiro: Forense, 1987. v. 1.

BIBLIOGRAFIA

OLSEN, Eric. *State Capitalism and the proletarian dictatorship*. Detroit: Revolutionary Marxist Committee, 1977.

POLLOCK, Frederick. State capitalism: its possibilities and limitations. *Studies in Philosophy and Social Science (Zeitschrift für Sozialforschung)*. New York: Institute of Social Research, 1941. v. IX.

PÜTTNER, Günter. *Die öffentlichen Unternehmen*: Verfassungsfragen zur wirtschaftlichen Betätigung der öffentlichen Hand. Bad Homburg; Berlin; Zürich:Verlag Gehlen, 1969.

ROTHENBURG, Walter Claudius. *A pessoa jurídica criminosa*: estudo sobre a sujeição criminal ativa da pessoa jurídica. Curitiba: Juruá, 2005.

SAVIGNY, F. C. von. *System des Heutigen Römischen Rechts*. Berlin: Bei Deit und Comp., 1840. v. 1.

SHECAIRA, Sérgio Salomão. *Responsabilidade penal da pessoa jurídica*. 3. ed. Rio de Janeiro: Elsevier, 2011.

SOUZA, Washington Peluso Albino de. *Primeiras linhas de direito econômico*. 3. ed. São Paulo: LTr, 1994.

TÁCITO, Caio. Direito administrativo e direito privado nas empresas estatais. In: _____. *Temas de direito público (estudos e pareceres)*. Rio de Janeiro: Renovar, 1997. v. 1.

TALENTO, Aguirre. Empresas investigadas pela Lava Jato têm R$ 24 bi a receber da Petrobras. *Folha de S. Paulo*, São Paulo, 11 maio 2015. Disponível em: <http://www1.folha.uol.com.br/poder/2015/05/1627287-empresas-investigadas-pela-lava-jato-tem-r-24-bi-a-receber-da-petrobras.shtml>.

URSELL, Gill & BLYTON, Paul. *State, capital and labour*: changing patterns of power and dependence. Houndmills; Basingstoke; Hampshire: Macmillan Press, 1988.

VENÂNCIO FILHO, Alberto. *A intervenção do Estado no domínio econômico*: o direito público econômico no Brasil. Rio de Janeiro: Ed. FGV, 1968.

WIβMANN, Hinnerk. Die Anforderungen an ein zukunftsfähiges Infrastrukturrecht. *Veröffentlichungen der Vereinigung der Deutschen Staatsrechtslehrer*. v. 73, 2014. p. 369-427.

ANEXO 1

PROCEDIMENTOS PREVISTOS NA INSTRUÇÃO CVM N. 286, DE 31 DE JULHO DE 1998

A. MOTIVOS DE EDIÇÃO DA INSTRUÇÃO

A ICVM 286 foi editada em meio a um amplo processo de privatizações empreendido pelo Governo Federal, por meio do qual se pretendeu alienar à iniciativa privada ações de controle de empresas de diversos setores que, até aquele momento, eram controladas pelo Estado.

B. REGRAS INSTITUÍDAS

A ICVM 286 possibilita que as participações societárias minoritárias de que sejam titulares a União, Estados, Distrito Federal, Municípios e demais entidades da Administração Pública sejam alienadas através de leilão especial, em bolsa de valores ou em mercado de balcão organizado.

Nesses casos, quando a alienação pretendida envolver participação em companhia aberta cujas ações forem admitidas à negociação em bolsas de valores ou em mercado de balcão organizado, esta seria precedida de aviso publicado, com antecedência mínima de dois dias úteis, em boletim diário de informações da instituição onde será realizado o leilão, e divulgado através de fax ou meio eletrônico às demais bolsas ou entidades de balcão organizado.

Por outro lado, quando a alienação envolver participação em companhia aberta cujas ações não forem admitidas à negociação em bolsa de valores ou em mercado de balcão organizado, ou em companhia fechada, esta será precedida de edital[51], previamente aprovado pela CVM, contendo informações sobre o objeto do leilão, possibilidade de interferência de vendedores, possibilidade de preferência ao arrematante que se propuser a adquirir todo o lote ofertado de ações emitidas por companhia fechada, condição da companhia, se fechada ou aberta, advertência, no caso de companhia fechada, de que as ações somente poderão ser negociadas por seus adquirentes através de transações privadas e demais características da operação.

Caso a CVM não indefira o edital em até 30 dias contados da apresentação do documento, podendo este prazo ser interrompido uma única vez mediante solicitação de informações adicionais ou de modificações pela autarquia, considerar-se-á automaticamente aprovado. Quando cumpridas as exigências da CVM depois de decorridos quinze dias do pedido, passará a fluir novo prazo de trinta dias contados da data do cumprimento das exigências.

Tanto o aviso, no primeiro caso, quanto o edital, no segundo, deverão fazer referência ao ato do poder legislativo ou executivo que autorizou a alienação das ações.

A norma estabelece ainda que uma oferta relativa à desestatização de participação acionária determinada em lei federal, estadual, distrital ou municipal que apresente requisitos de pré-identificação, pré-qualificação e condições especiais para os adquirentes pode ser dispensada do registro prévio de distribuição secundária, a que se referiu a Instrução

---

[51] Edital que deve ser publicado pelo menos uma vez em jornal de grande circulação na localidade em que será realizado o leilão e na capital do Estado em que a entidade pública tiver sua sede, com antecedência mínima de cinco dias.

ANEXO 1

CVM n. 88/88 (atualmente a Instrução 400/03), mediante requerimento dirigido à CVM.

A dispensa de registro de distribuição estará condicionada, contudo, a que o registro de companhia junto à CVM esteja devidamente atualizado, quando se tratar de companhia aberta, e também a que constem do edital (*i*) as principais características da distribuição e das ações a serem ofertadas; e (*ii*) os dados relevantes sobre a companhia emissora e sua condição, se fechada ou aberta, e, nesse caso, o mercado em que suas ações são negociadas e a advertência. No caso de companhia fechada, deverá constar que as ações somente podem ser negociadas por seus adquirentes através de transações privadas e, se for o caso, a obrigação da companhia de promover seu registro de companhia aberta junto à CVM, quando o leilão de ações de uma companhia fechada resultar em número de acionistas superior a 100.

A dispensa estará condicionada ainda a que sejam encaminhados à CVM, juntamente com o requerimento de dispensa os documentos e esclarecimentos a seguir: (*i*) a minuta do edital; (*ii*) exemplar da publicação do ato do poder legislativo ou executivo dos respectivos entes federativos, disposição legal ou estatutária que autorize a alienação das ações; (*iii*) impacto do ingresso de sócio estratégico; (*iv*) configuração prevista para o preenchimento dos cargos do Conselho de Administração e Diretoria; (*v*) esclarecimento sobre a interveniência da União, Estado, Distrito Federal ou Município na liquidação da operação; (*vi*) acordo de acionistas, se houver; (*vii*) informações sobre contratos de concessão ou permissão, ou qualquer outra forma de delegação para a execução de serviços públicos, se for o caso; (*viii*) possibilidade de celebração de contratos de prestação de serviços de assistência técnica e de transferência de tecnologia entre os adquirentes das ações e a companhia emissora; e (*ix*) outras informações que a CVM julgar necessárias.

Destaca-se que qualquer ato ou fato relevante que possa influir na decisão dos investidores, posteriormente à edição do edital ou do prospecto, deverá ser imediatamente comunicado à CVM e divulgado através da imprensa.

Além disso, o edital deverá ser publicado pelo menos uma vez em jornal de grande circulação na localidade em que será realizado o leilão e no local da sede da companhia emissora das ações objeto do leilão, com antecedência mínima de dez dias.

Deverá ainda constar no edital, de modo destacado, a seguinte frase "O teor deste edital foi previamente aprovado pela CVM, que concedeu a dispensa do registro de companhia aberta (se for o caso) e de distribuição pública para a presente operação, tendo a (entidade) autorizado a sua realização em seu recinto."

Companhias de capital fechado serão dispensadas do registro de companhia de capital aberto na CVM, quando o número de acionistas após o leilão for igual ou inferior a 100.

Quando a alienação de participação societária de que são titulares a União, Estados, Distrito Federal, Municípios e demais entidades da Administração Pública estiver registrada nos termos da Instrução CVM no 88/88 (atualmente Instrução CVM n. 400/03), o edital de leilão deve ser publicado com antecedência mínima de 10 (dez) dias, observadas as condições previstas naquela Instrução para o anúncio de início de distribuição.

Nesses casos, além dos documentos exigidos para o registro de distribuição, deverão ser encaminhados e informados à CVM, no que couber, (*i*) a minuta do edital; (*ii*) exemplar da publicação do ato do poder legislativo ou executivo dos respectivos entes federativos, disposição legal ou estatutária que autorize a alienação das ações; (*iii*) o impacto do ingresso de sócio estratégico; (*iv*) configuração prevista para o preenchimento dos cargos do Conselho de Administração e Diretoria; (*v*) esclarecimento sobre a interveniência da União, Estado, Distrito Federal ou Município na liquidação da operação; (*vi*) acordo de acionistas, se houver; (*vii*) informações sobre contratos de concessão ou permissão, ou qualquer outra forma de delegação para a execução de serviços públicos, se for o caso; (*viii*) possibilidade de celebração de contratos de prestação de serviços de assistência técnica e de transferência de tecnologia entre os adquirentes das ações e a companhia emissora; e (*ix*) outras informações que a CVM julgar necessárias.

ANEXO 1

O regramento instituído pela Instrução não se aplica às participações detidas por instituições financeiras e pelas instituições integrantes do sistema de distribuição de valores mobiliários controladas direta ou indiretamente pela União, Estados, Distrito Federal, Municípios e demais entidades da Administração Pública, cujo objeto seja a participação no capital de outras companhias, as quais podem ser alienadas de acordo com as regras e procedimentos usuais de mercado.

C. CONCLUSÃO

Em vista do regramento analisado acima, conclui-se que a ICVM 286 apresenta técnica adequada para alienação de ações dadas em pagamento por empresas investigadas na Operação Lava-Jato para ressarcir danos causados à União e à Petrobras.

ANEXO 2
TERMO DE PAGAMENTO INTEGRAL DE INDENIZAÇÃO E DE MULTAS CIVIS QUE ENTRE SI CELEBRAM [AAA], A ADVOCACIA-GERAL DA UNIÃO – AGU, O MINISTÉRIO DA FAZENDA E A PETRÓLEO BRASILEIRO S.A. – PETROBRAS

De um lado, [**AAA - NOME E QUALIFICAÇÃO DA CONTRAPARTE**] - (adicionar todas as controladas e coligadas na mesma condição), neste ato representada por seus diretores, [•] e [•], devidamente investidos, por meio de deliberação societária específica (Ata de Reunião de Conselho de Administração ou de Assembleia Geral Extraordinária, conforme o caso) – **ANEXO 1**, dos poderes necessários à realização deste ato, e [•] (inserir nome e qualificação) [qualquer dirigente que eventualmente faça dação de participações societárias porque as detém na pessoa física] e, de outro lado, (*i*) a **ADVOCACIA-GERAL DA UNIÃO**, instituída pela Lei Complementar n. 73, de 10 de fevereiro de 1993, doravante denominada AGU, representada pelo Advogado Geral da União, Ministro de Estado [•], (*ii*) o **MINISTÉRIO DA FAZENDA**, representado pelo Ministro de Estado da Fazenda [•] e (*iii*) a **PETRÓLEO BRASILEIRO S.A – PETROBRAS**, representada por seu presidente, [•], celebram, na forma da Lei n. 9.469 de 10 de julho de 1997, o presente Termo de Pagamento ("Termo de Pagamento"), sob a interveniência e a anuência (i) da **CONTROLADORIA-GERAL DA UNIÃO – CGU**, representada pelo Ministro-Chefe [•]; (ii) do **MINISTÉRIO DA JUSTIÇA**, representado pelo Ministro de Estado da Justiça [•];(iii) do **BANCO NACIONAL DE DESENVOLVIMENTO ECONÔMICO E SOCIAL – BNDES**, representado por seu presidente, [•]; (iv) de [**B**]; (v) de [**C**] e (vi) dos [**DEMAIS ACIONISTAS EM [B] E [C] – QUALIFICAÇÃO**].

CONSIDERANDO QUE:

1. [**AAA**] é sociedade empresária envolvida no Inquérito da Polícia Federal n. [•] ("Investigação") e nos autos do processo crime n. [•], em tramite perante a 13ª Vara Federal Criminal da Subseção Judiciária de Curitiba.

2. Tal Inquérito, escorado em provas, concluiu que [**AAA**], conduzida por alguns de seus dirigentes, celebrou, em conjunto com agentes públicos, contratos não comutativos com a PETROBRAS, em prejuízo dessa companhia e do erário.

3. Em virtude das condutas apontadas na Investigação, a PETROBRAS já apurou o dano que lhe teria causado [**AAA**], que é de R$ [•] ([•]) ("Indenização Exigida pela Petrobras").

4. A UNIÃO já apurou as reparações e as multas que entende lhe são devidas por força da Lei n. 8.429, de 2 de junho de 1992 ("Lei de Improbidade Administrativa") e da Lei n. 12.846, de 1º de agosto de 2013 ("Lei Anticorrupção"), que montam R$ [•] ([•]) ("Reparações e Multas Exigidas pela União").

5. A PETROBRAS e a UNIÃO já ajuizaram as ações a que se refere o art. 16 da Lei de Improbidade Administrativa (i.e., autos do processo n. [•] e [•], que tramitam perante a [•] Vara da Justiça Federal de [•]), para pleitear a Indenização Exigida pela Petrobras e as Reparações e Multas Exigidas pela União, bem como para que se imponham outras penalidades a [**AAA**] e para alguns de seus dirigentes (considerando a ser utilizado apenas nos casos em que já há ação ajuizada).

6. [**AAA**] não reconhece culpa pelos atos que lhe imputam a PETROBRAS e a UNIÃO, mas tem interesse em pagar, integralmente

ANEXO 2

e de forma definitiva, a Indenização Exigida pela Petrobras e as Reparações e Multas Exigidas pela União, com o fim de dar curso normal às atividades empresariais que exerce, grandemente impactadas pelo seu envolvimento com os fatos apurados na Investigação.

7. A PETROBRAS e a UNIÃO têm interesse em receber a Indenização Exigida pela Petrobras e as Reparações e Multas Exigidas pela União por meio da dação de participações societárias de titularidade de **[AAA]** e/ou de alguns de seus dirigentes nas sociedades empresárias **[B]** e **[C]** ("Ações Dadas em Pagamento").

8. A PETROBRAS e a UNIÃO já contrataram em nome próprio e às custas de **[AAA]** a avaliação das Ações Dadas em Pagamento – **ANEXO 2** ("Avaliação");

9. A PETROBRAS e a UNIÃO irão, uma vez que recebam as Ações Dadas em Pagamento, aliená-las em leilão e/ou oferta pública no mercado de capitais, na forma do Decreto n. [•] ("Alienação dos Ativos Dados em Pagamento");

10. [AAA] concorda que os valores que foram despendidos pela PETROBRAS e pela UNIÃO para contratar a Avaliação, bem como aqueles que despenderão para realizar a Alienação dos Ativos Dados em Pagamento, compõem a Indenização Exigida pela Petrobras e as Reparações e Multas Exigidas pela União.

11. Os demais acionistas de **[B]** e **[C]**, bem como os seus credores, que por força de contrato ou de lei poderiam obstar a presente Termo de Pagamento, anuíram expressamente com a mesma – **ANEXO 3**.

RESOLVEM celebrar o presente Termo de Pagamento:

I – DO OBJETO

Cláusula 1ª. O objeto deste Termo de Pagamento é o pagamento, por **[AAA]** (inserir demais pagadores conforme o caso), da Indenização Exigida pela Petrobras, no valor de R$ [•] ([•]), e das Reparações e Multas Exigidas pela União, no valor de R$ [•] ([•]).

II – PRAZO E A FORMA DE CUMPRIMENTO DAS OBRIGAÇÕES

Cláusula 2ª. **[AAA]** paga, neste ato, a Indenização Exigida pela Petrobras, no valor de R$ [•] ([•]), por meio da dação em pagamento de [•] ([•]) ações de emissão de **[B]** e [•] ([•]) ações de emissão de **[C]**, de sua titularidade, ora recebidas pela Petrobras, observadas todas as formalidades legais ("Pagamento à Petrobras").

Cláusula 3ª. **[AAA]** paga, neste ato, as Reparações e Multas Exigidas pela União, no valor de R$ [•] ([•]), por meio da dação em pagamento de [•] ([•]) ações de emissão de **[B]** e [•] ([•]) ações de emissão de **[C]**, de sua titularidade, ora recebidas pela União, observadas todas as formalidades legais ("Pagamento à União").

Cláusula 4ª. Com o Pagamento à Petrobras, a Petrobras dá a **[AAA]** quitação a qualquer pleito indenizatório decorrente de dano causado por **[AAA]** à Petrobras, conhecido até a data de celebração deste Termo de Pagamento.

Cláusula 5ª. Com o Pagamento à União, esta dá a **[AAA]** quitação plena, integral e definitiva a qualquer pleito indenizatório e de pagamento de multas decorrente de dano causado por **[AAA]** em razão da prática de ato de improbidade e/ou de corrupção, conhecidos até a data de celebração deste Termo de Pagamento.

Cláusula 6ª. O Pagamento à Petrobras e à União lhes conferem a titularidade das ações de **[B]** e de **[C]** a que se referem as cláusulas segunda e terceira supra, bem como todos os consentâneos direitos e deveres de acionistas.

Cláusula 7ª. A PETROBRAS e a UNIÃO terão a faculdade de aderir a eventuais acordos de acionistas que **[AAA]** tenha celebrado em **[B]** e **[C]**, a seu exclusivo critério.

Cláusula 8ª. Eventuais garantias prestadas por **[AAA]** (qualquer outro garantidor que houver deve prestar o mesmo compromisso neste Termo ou em documento apartado) a credores de **[B]** e **[C]** mantêm-se até 180 (cento e oitenta) dias após a Alienação dos Ativos Dados em Pagamento, ou, no máximo pelo prazo de 1 (um) ano contado da assinatura deste Termo de Pagamento.

ANEXO 2

Cláusula 9ª. Havendo a Alienação dos Ativos Dados em Pagamento, o adquirente terá o prazo de 180 (cento e oitenta) dias para substituir as garantias prestadas por **[AAA]**, mas deverá remunerar **[AAA]** na forma do edital ou do protocolo de oferta de Alienação dos Ativos Dados em Pagamento, que deverá, em qualquer hipótese, observar parâmetros de mercado.

III – DA IMPLEMENTAÇÃO DAS OBRIGAÇÕES PACTUADAS

Cláusula 10ª. **[AAA]**, **[B]**, **[C]** e **[DEMAIS ACIONISTAS EM [B] E [C]** comprometem-se a realizar todos os atos necessários para que a PETROBRAS e a UNIÃO possam realizar a Alienação dos Ativos Dados em Pagamento na forma do Decreto n. [•] ("Deveres de Implementação").

Cláusula 11ª. A impossibilidade superveniente da Alienação dos Ativos Dados em Pagamento, por fato de terceiro, imporá a **[AAA]** (e demais pagantes, se houver) o dever de, no prazo de 90 (noventa) dias contados do recebimento da notificação que der conta da referida impossibilidade superveniente, substituir os bens dados em pagamento por outros que venham a ser aceitos pela PETROBRAS e pela UNIÃO ("Dever de Substituição de Ativos").

Cláusula 12ª. Caso A PETROBRAS e a UNIÃO, quando da Alienação dos Ativos Dados em Pagamento, não arrecadem valores devidos a título de Indenização Exigida pela Petrobras e das Reparações e Multas Exigidas pela União ("Insuficiência da Dação"), então **[AAA]** deverá, em prazo não superior a 90 (noventa) dias contados do recebimento de notificação da Insuficiência da Dação, realizar um reforço de pagamento ("Dever de Reforço de Pagamento"), para alternativamente e segundo exclusiva discricionariedade da UNIÃO e da PETROBRAS: (*i*) dar em pagamento à PETROBRAS e à UNIÃO novas ações de **[B]** e de **[C]** ou de outras sociedades indicadas pela PETROBRAS e pela UNIÃO; (*ii*) pagar o saldo remanescente em dinheiro.

IV – RESPONSABILIDADES

Cláusula 13ª. (Esta cláusula é aplicável apenas nos casos em que a Avaliação não precificar as contingências conhecidas em [B] e [C]). **[AAA]** responde por todas as dívidas atuais ou potenciais e responsabilidades imputáveis a **[B]** e a **[C]**, na proporção da participação que detinha, até a data deste Termo de Pagamento, com o que, pelo restante, respondem os demais acionistas de **[B]** e de **[C]**.

[alternativa]

Cláusula 13ª. (Esta cláusula é aplicável apenas nos casos em que a Avaliação precificar as contingências conhecidas em [B] e [C]). **[AAA]** responde por todas as dívidas atuais ou potenciais e responsabilidades imputáveis a **[B]** e a **[C]**, não contempladas na Avaliação, na proporção da participação que detinha, até a data deste Termo de Pagamento, com o que, pelo restante, respondem os demais acionistas de **[B]** e de **[C]**.

V – FISCALIZAÇÃO

Cláusula 14ª. Todos os compromissos e obrigações previstos neste Termo de Pagamento serão acompanhados, fiscalizados e controlados pelo Comitê Gestor de Ressarcimento da União (CGR), na forma do Decreto n. [•] de [•] de agosto de 2015.

VI – DAS SANÇÕES PELO DESCUMPRIMENTO

Cláusula 15ª. O descumprimento dos Deveres de Implementação, de Substituição dos Ativos e de Reforço do Pagamento confere a faculdade à Petrobras e à União de, a qualquer momento, rescindir este Termo de Pagamento e cassar, desde a sua assinatura, todos os seus efeitos.

V – RENÚNCIAS

Cláusula 16ª. Este Termo de Pagamento é celebrado em caráter irrevogável e irretratável. **[AAA]**, assim como as suas controladas, renunciam a qualquer direito de ação ou recurso em relação ao objeto deste Termo de Pagamento.

Brasília, [dia] de [mês] de [ano]

ANEXO 3
DECRETO N. [•] DE [•] DE [•] DE 2015

Cria o Comitê Gestor de Ressarcimento da União (CGR) e estabelece procedimentos para o pagamento integral de indenização e de multa civil impostas por atos de improbidade administrativa e de corrupção.

O Presidente da República, no uso da atribuição que lhe confere o artigo 84, II e VI da Constituição Federal.

DECRETA

Art. 1º Este Decreto institui o Programa de Ressarcimento da União (PRU), cuja finalidade é promover o recebimento integral de indenização e de multa civil impostas por atos de improbidade administrativa e de corrupção, por força do artigo 158, §2º da Lei n. 6.404, de 15 de dezembro de 1976, bem como dos artigos 1º, 3º, 5º e 12 da Lei n. 8.429, de 02 de junho de 1992 e dos artigos 1º e 2º da Lei n. 12.846, de 1º de agosto de 2013.

Art. 2º Fica instituído junto à Presidência da República o Comitê Gestor de Ressarcimento da União (CGR), composto pelo:

I – Ministro de Estado da Fazenda;

II – Ministro de Estado Chefe da Advocacia-Geral da União;

III – Ministro de Estado Chefe da Controladoria-Geral da União;

IV – Ministro de Estado Chefe da Casa Civil da Presidência da República;

V – Ministro de Estado do Planejamento, Orçamento e Gestão;

VI – Ministro de Estado da Previdência Social;

VII – Procurador-Geral da República.

§1º – O CGR será presidido pelo Ministro de Estado da Fazenda e o seu Colegiado deliberará por maioria simples.

§2º – O CGR poderá criar subcomissões e forças-tarefa com o intuito de executar suas competências previstas neste Decreto.

§3º – O CGR poderá convocar membros da Administração Pública ou particulares em colaboração com a Administração para auxiliar o Colegiado e integrar as suas subcomissões e forças-tarefa.

§4º – O CGR poderá contratar, na forma da Lei n. 8.666, de 21 de junho de 1993, serviços de terceiros que se mostrem necessários ao cumprimento de suas competências.

Art. 3º O CGR é competente para

I – Conduzir todos os procedimentos que compõem o PRU.

II – Identificar, escolher e avaliar ativos estratégicos de terceiros que possam ressarcir e indenizar a União ou quaisquer entes da Administração Pública Federal Direta ou Indireta, inclusive empresas públicas e sociedades de economia mista.

III – Definir os critérios de avaliação dos ativos eventualmente empregados no ressarcimento e indenização da União e entes da Administração Pública Federal;

IV – Indicar mediadores judiciais e extrajudiciais

ANEXO 3

V – Assessorar a Advocacia-Geral da União na celebração de transações e de termos de pagamento de indenização e de multa civil, em observância à Lei n. 9.469 de 10 de julho de 1997;

VI – Promover, quando for o caso, a alienação dos ativos dados em pagamento de indenização e de multa civil devidos por atos de improbidade administrativa e de corrupção;

VII – Decidir sobre a conveniência da alienação dos ativos dados em pagamento, bem como a técnica empregada para tal fim;

VIII – Realizar a interlocução com todos os interessados, públicos e privados, com vistas à realização de suas competências, podendo convocá-los para prestar informações sempre que necessário.

§1º – Decidida a conveniência da alienação dos ativos dados em pagamento, o CGR deverá empregar técnicas de alienação pública disponíveis no mercado de capitais, nos casos em que tais ativos consistirem em participações societárias e valores mobiliários.

§2º – Nos casos em que a alienação se der em mercado bolsista, caberá ao CGR contratar e prover as informações necessárias à bolsa de valores responsável, bem como assessorar a redação de editais de leilão e protocolos de oferta pública, conforme o caso.

Art. 4º Todas as despesas incorridas pelo CGR no cumprimento de suas competências serão antecipadas pelo Ministério da Fazenda, sem prejuízo do seu posterior ressarcimento por meio dos recursos provenientes das indenizações e das multas civis a que se refere este Decreto, quando couber.

Art. 5º O PRU será regulamentado por Portaria.

Art. 6º Este Decreto entra em vigor na data de sua publicação.

Brasília, [•] de [•] de 2015; [•]º ano da Independência e [•]º ano da República.

PRESIDENTE DA REPÚBLICA

ANEXO 4
ADVOCACIA-GERAL DA UNIÃO

PORTARIA N. [•], DE [•] DE [•] DE 2015

> Regulamenta o Programa de
> Ressarcimento da União (PRU)

O **ADVOGADO-GERAL DA UNIÃO**, no uso das atribuições que lhe conferem o art. 4º, incisos I, XVII e XVIII, 24 e 25, da Lei Complementar n. 73, de 11 de fevereiro de 1993, art. 47 da Medida Provisória n. 2.229-43, de 6 de setembro de 2001, e inciso II, do §1º, do artigo 12 da Lei n. 10.480, de 2 de julho de 2002, resolve regulamentar o Programa de Ressarcimento da União (PRU), criado pelo Decreto n. [•], de [•] de [•] de 2015:

Art. 1º Caberá ao Comitê Gestor de Ressarcimento da União (CGR), instituído pelo Decreto n. [•], de [•] de [•] de 2015, na condução do PRU, realizar os seguintes atos em ordem cronológica:

(a) Identificar, escolher e avaliar ativos estratégicos de terceiros, dos quais a União ou quaisquer entes da Administração Pública Federal Direta ou Indireta, inclusive empresas públicas e sociedades de economia mista, pretenda o pagamento de indenização e de multas civis por atos de improbidade administrativa e de corrupção;

(b) Definir os critérios de avaliação e contratar a avaliação dos ativos eventualmente empregados no ressarcimento e indenização da União e entes da Administração Pública Federal;

(c) Convidar aqueles dos quais a União ou quaisquer entes da Administração Pública Federal Direta ou Indireta, inclusive empresas públicas e sociedades de economia mista, pretenda o pagamento de indenização e de multas civis a participar de mediação judicial ou extrajudicial, observado o disposto e o procedimento previsto na Lei n. 13.140, de 26 de julho de 2015;

(d) Indicar ou rejeitar mediadores;

(e) Promover, quando for o caso, a alienação dos ativos dados em pagamento;

(f) Empregar técnicas de alienação pública disponíveis no mercado de capitais, nos casos em que tais ativos sejam participações societárias e valores mobiliários;

(g) Contratar e prover as informações necessárias à bolsa de valores responsável, bem como assessorar a redação de editais de leilão e protocolos de oferta pública, conforme o caso, nos casos em que a alienação se der em mercado bolsista.

Art. 2º A CGR deverá também assessorar a Advocacia-Geral da União e o Ministério de Estado da Fazenda, em caso de mediação bem-sucedida, na celebração de Termos de Pagamento Integral de Indenização e de Multas Civis (TPIIM).

Art. 3º O TPIIM deverá contemplar:

(a) a identidade do devedor e do pagador da indenização e das multas civis;

(b) um breve resumo das razões pelas quais a Administração Pública Federal Direta ou Indireta pretende indenização e multas civis do devedor;

(c) o valor exato das multas e das indenizações que serão pagas, bem como a sua destinação;

ANEXO 4

(d) a forma de pagamento, bem como as obrigações acessórias, especialmente as relativas à transmissão de propriedade, nos casos em que o pagamento se der por meio de dação de bens móveis, imóveis e/ou de participação societária;

(e) a quitação dada ao devedor, seu objeto e os seus efeitos;

Art. 4º O TPIIM somente poderá ser celebrado caso a indenização e as multas civis pretendidas sejam pagas integralmente

Art. 5º O TPIIM deverá ser celebrado em caráter irrevogável e irretratável e o pagamento nele pactuado deverá ser à vista.

Art. 6º A quitação dada ao devedor deverá abranger, em qualquer hipótese, apenas a indenização e as multas decorrentes dos atos de improbidade e de corrupção imputados ao devedor, que sejam conhecidos até a data da celebração do TPIIM.

Art. 7º Caso a indenização e as multas sejam pagas por meio de dação de participações societárias:

(a) o CGR terá até 90 (noventa) dias da data de celebração do TPIIM para decidir se determinará a sua alienação, bem como as técnicas empregadas para tanto;

(b) os órgãos da Administração Pública Federal Direta ou Indireta que as receberem terão todos os consentâneos direitos e deveres de sócio ou de acionista, bem como a faculdade de aderir a eventuais acordos parassociais previamente celebrados;

(c) eventuais garantias prestadas pelo devedor ou pelo pagador em favor da sociedade deverão se manter até 180 (cento e oitenta) dias após a alienação das participações societárias dadas em pagamento, ou, no máximo pelo prazo de 1 (um) ano contado da assinatura do TPIIM;

(d) havendo a alienação, o adquirente terá o prazo de 180 (cento e oitenta) dias para substituir as garantias prestadas pelo devedor ou pelo pagador, mas deverá remunerar o garantidor que o antecedeu na forma do edital ou do protocolo de oferta de alienação das participações societárias dadas em pagamento, que deverá, em qualquer hipótese, observar parâmetros de mercado;

(e) os demais sócios ou acionistas deverão se comprometer a realizar todos os atos necessários para que ocorra a alienação das participações societárias, quando for determinada pelo CGR;

(f) a impossibilidade superveniente da alienação das participações societárias, por fato de terceiro, imporá ao devedor o dever de, no prazo de 90 (noventa) dias contados do recebimento da notificação que der conta da referida impossibilidade superveniente, substituir os bens dados em pagamento por outros que venham a ser aceitos pelo ente da Administração Pública Federal Direta ou Indireta credor da indenização e das multas objeto do TPIIM;

(g) o titular das participações societárias dadas em pagamento responderá por todas as dívidas atuais ou potenciais e responsabilidades imputáveis à sociedade emissora, na proporção da participação que detinha, até a data de celebração do TPIIM, com o que, pelo restante, responderão os demais sócios ou acionistas.

Art. 8º O TPIIM deverá prever que, caso a alienação de bens imóveis, móveis e/ou de participações societárias dados em pagamento não arrecade os valores pretendidos a título de indenização e de multa, o devedor, em prazo não superior a 90 (noventa) dias contados do recebimento de notificação da insuficiência do pagamento, realize um reforço de pagamento.

Art. 9º Nos casos de reforço de pagamento previstos no art. 8º desta Portaria, o devedor deverá, alternativamente, e segundo exclusiva discricionariedade do ente da Administração Pública Federal Direta ou Indireta credor da indenização e das multas objeto do TPIIM:

(a) dar em pagamento novos ativos; e/ou

(b) pagar o saldo remanescente em dinheiro.

Art. 10. O CGR deverá acompanhar e fiscalizar o cumprimento de todos os compromissos e obrigações pactuados no TPIIM.

Art. 11. O descumprimento de quaisquer deveres atribuídos ao devedor e/ou apagados no TPIMM determinará a sua rescisão e ineficácia desde a data de sua assinatura.

Ministro-chefe da Advocacia Geral da União

COMENTÁRIOS AO PLANO

PROFESSOR ANTONIO DELFIM NETTO

Professor Catedrático de Economia Brasileira e de Teoria do Desenvolvimento Econômico. Professor Emérito da Faculdade de Economia e Administração da Universidade de São Paulo. Deputado Federal em São Paulo em 1986/90/94/98/2002. Ministro da Fazenda em 1967/74. Embaixador do Brasil na França em 1975/77. Ministro da Agricultura em 1979. Ministro Chefe da Secretaria de Planejamento da Presidência da República em 1979/85. Secretário da Fazenda do Estado de São Paulo. Economista.

Agradeço aos ilustres e conhecidos juristas autores deste trabalho a oportunidade que me deram de comentar este trabalho que atende a todos os que têm interesse no progresso e na harmonia da sociedade brasileira.

O Brasil pretende e é isso que estabelece a sua Constituição, ser uma República. Nos termos mais pedestres possíveis, isso significa que todos os seus habitantes estão de uma forma (como eleitor) ou de outra (como candidato em qualquer pleito eleitoral) envolvidos na vida pública e todos, sem exceção, sujeitos à mesma lei. O poder incumbente (o poder Executivo, independente mas harmônico com o poder Legislativo) são escolhidos pelo voto, em períodos certos, através do sufrágio universal, em eleições livres e honestas, onde cada partido tem a oportunidade de apresentar o seu "programa social e econômico". Ao vitorioso, junto com sua base majoritária, cabe determinar a "política geral". Ela deve ser executada, entretanto, através de uma "administração pública" estável, transparente, impessoal, selecionada pelo mérito, com uma módica interferência direta do Executivo e de sua base majoritária. O princípio agregador e fiscalizador da República é o Poder Judiciário. O Supremo Tribunal Federal é o "garante" de que somos todos "cidadãos" e não "súditos" da maioria eventual.

O grave problema que estamos vivendo é que os poderes incumbentes eleitos nos últimos 20 anos foram, a pouco e pouco, violando essas regras. "Aparelharam" a administração com seus correligionários (primeiro intelectuais, depois sindicalistas) que estão longe de incorporar a competência e o étos da administração pública de Estado. Voltamos ao velho "spoil system" dos anos 1950/60, quando a administração pública era o "espólio de guerra" do vencedor da eleição. Infelizmente, a administração do Estado tem sido ignorada e depreciada, mas felizmente, continuou a qualificar-se silenciosamente. Agora mesmo o Tribunal de Contas da União revela o seu poder institucional de fiscalização. Seus técnicos vêm sendo preparados há mais de uma geração, mas seus pareceres têm sido sistematicamente ignorados pelo Congresso. Se apenas tivessem sido ouvidos, provavelmente o excelente trabalho da Polícia Federal, do Ministério Público e do Judiciário (outras carreiras de Estado) estaria sendo ocupado na reparação de outros danos. A operação Lava-Jato será um ponto de inflexão na história do Brasil e deve prosseguir. Com o sistema legal vigente, entretanto, ela só terminará quando se esgotar o pleno direito de defesa (mesmo o meramente protelatório), o que é muito bom do ponto de vista da "justiça", mas significa muito tempo, talvez anos, de paralisia e incertezas.

É preciso deixar claro que tentar justificar "o afrouxamento da operação Lava-Jato" com o argumento que "ela reduzirá 1% do PIB" é ridículo no momento em que o PIB ameaça cair 3% pela trapalhada fiscal. É equivalente a sugerir que não se deve tratar um câncer com radioterapia porque ele produz um efeito colateral: a queda dos cabelos... Sem que isso signifique a sugestão de relevar qualquer dano ao patrimônio público, talvez seja a hora de pensar e institucionalizar acordos de leniência que permitam uma "justiça expedita", como existe em outros países que enfrentaram no passado os mesmo problemas. A indignação da sociedade com as revelações do processo modificou para sempre as relações entre o poder público demandante e o setor privado ofertante.

PROFESSOR ANTONIO DELFIM NETO

Os inconvenientes, as incertezas e o tempo que envolvem, necessariamente, todo processo jurídico no Brasil, porque se quer fazer "justiça" e não promover "vingança", é mesmo prejudicial às atividades do setor de infraestrutura. É inegável, entretanto, que a sua descontinuidade envolveria o abandono de um valor moral que, no longo prazo, transcende a mera contabilidade do PIB. A solução talvez seja uma aceleração dos processos judiciais sem prejuízo da "justiça". O Executivo deveria tomar a iniciativa de constituir uma "task force" com a participação da Polícia Federal, do Ministério Público, do Tribunal de Contas da União (que é órgão auxiliar do Legislativo) e do Poder Judiciário para apresentar e aprovar no Congresso, sob regime de urgência, uma instrumentação que produza a "justiça expedita" que, sem poupar as pessoas físicas ou jurídicas, permita arbitrar eventuais indenizações e chegar ao "ajuste de contas" definitivo. Isso permitiria ao país conservar a inegável "expertise" acumulada nas empresas envolvidas, corrigir suas estruturas internas para garantir a transparência, recuperar o seu crédito e acelerar os investimentos tão necessários para a recuperação do crescimento e do emprego. Este excelente trabalho, de autoria de ilustres e competentes juristas, é uma contribuição importante para a solução de tão intrincado problema.

O nível de nebulosa incerteza que paira sobre a economia brasileira é, basicamente, resultado da queda de confiança do setor privado no governo e da paralisia do investimento público. Sem a recuperação da confiança e a superação desse problema não voltaremos ao crescimento. Não faremos, sequer, o necessário ajuste fiscal!

PROFESSOR HELENO TAVEIRA TORRES

Professor Titular de Direito Financeiro da Faculdade de Direito da Universidade de São Paulo – USP. Advogado.

Segurança jurídica e a continuidade das obras e serviços de infraestrutura no Brasil:

É redundante afirmar que o setor de infraestrutura é estratégico e essencial para o Brasil, condição imprescindível para sustentabilidade do nosso crescimento econômico e para melhoria da condição de vida de toda a população. Lamentavelmente, episódios recentes evidenciaram um quadro de corrupção sistêmica no setor que impunha ser combatido com vigor e, neste sentido, merece encômios a ação das instituições republicanas na ação punitiva e dos seus controles. Contudo, sem afetar em nada a capacidade persecutória e sancionadora do Estado, é chegada a hora de recompor a continuidade das obras públicas essenciais, recuperar os empregos dizimados e retomar a capacidade produtiva da indústria e da tecnologia nacional.

A sociedade precisa ter ciência de que a derrocada da indústria de infraestrutura tem consequências imediatas e de longo prazo. Até o momento, temos identificadas perdas que superam 400.000 empregos e recuo de quase 2% do PIB. A falência desse setor, mesmo quanto às empresas envolvidas, levaria igualmente à ruína parcela considerável do segmento de financiamento dessas obras, aí incluídos bancos públicos e privados, fundos de pensão e instituições de seguro e de resseguro, ademais das inúmeras empresas que dependem do segmento, na produção de bens e serviços. E isto sem falar nas repercussões de redução da capacidade de fornecimento de energia, prestação de serviços, transporte, escoamento de produção e tantos outros percalços.

O momento cobra responsabilidade com os destinos do País. Não importa a ideologia que pratique ou a qual agremiação política ou preferência partidária o cidadão brasileiro adira, certamente todos esperam alguma solução urgente para este grave problema social e econômico. E não é outra a tarefa dos intelectuais e da Academia em todas as nações, senão colocar seus conhecimentos em favor da sociedade e cooperar com a superação dos problemas que a desafiam.

A *certeza do direito* é a mais genuína garantia do ordenamento para estabilidade das instituições, eliminação do arbítrio e de previsibilidade na aplicação do direito (*rectum* é sua origem). A variedade de soluções possíveis, os espaços de discricionariedade dos aplicadores e a realidade cambiante e complexa definem um quadro de inúmeras dificuldades para uma plena segurança jurídica. Cabe, porém, ao jurista a superior tarefa de ordenar os instrumentos jurídicos para viabilizar soluções voltadas para a previsibilidade das relações jurídicas e econômicas na sociedade.

Alinhado com esta preocupação, tive a satisfação de unir esforços em favor de um projeto singular, concebido inicialmente como "plano de ação para o salvamento do projeto nacional de infraestrutura", apresentado pelos Professores Walfrido Jorge Warde Jr, Gilberto Bercovici e José Francisco Siqueira Neto, com o propósito de viabilizar o Procedimento de Ressarcimento e pagamento integral de créditos pretendidos pela União e por suas entidades de administração indireta, notadamente a PETROBRAS.

Para que não haja qualquer dúvida, esclareça-se, à exaustão, que esta proposta toma como paradigma a plena continuidade dos processos criminais e atividades investigativas em curso, sem qualquer prejuízo direto ou indireto a estas funções, que se dirigem a punir pessoas cuja culpa seja provada em processo regular, e não toda a sociedade, os empregos e a economia em geral.

O referido procedimento, na forma da Lei n. 9.469, de 10 de julho de 1997, dirige-se primordialmente às empresas acusadas, mediante adesão voluntária, para viabilizar a antecipação do ressarcimento e pagamento integral de dívidas pretendidas da União e da PETROBRAS e demais entidades da administração indireta. Estas dívidas, decorrentes das Lei de Improbidade Administrativa e Anticorrupção, uma vez sanadas, permitiriam a retomada das atividades das obras ou serviços, atendidas as sanções de caráter formal eventualmente empregadas pela CGU, como a declaração de improbidade dos envolvidos e a proibição de contratar com o poder público.

Quantificado o montante integral do débito, o pagamento da indenização e das multas pretendidas seria viabilizado por meio de "dação em pagamento" das participações societárias nas "sociedades de propósito específico" – SPE de cada projeto (obra pública), de titularidade das empresas envolvidas, a partir de leilão público, com toda transparência e legalidade dos procedimentos.

Portanto, esta é uma solução de caráter econômico, e não dos aspectos sancionatórios, que seguem seus próprios trâmites quanto à responsabilização e aplicação de penas, de processos judiciais criminais, de improbidade administrativa, decorrentes da Lei n. 12.846, de 1º de agosto de 2013.

Com a transferência do controle societário das SPE de cada um dos projetos ou obras públicas, ter-se-á a plena *continuidade* das obras e serviços públicos, que é o valor essencial para a retomada das atividades de infraestrutura no País. Tudo conforme a legalidade, a moralidade, a impessoalidade e a publicidade, valores fundantes da administração pública em nossa República, nos termos do art. 37 da Constituição.

Segundo o modelo proposto, a recuperação do setor de infraestrutura dá-se por meio de procedimentos legais, regras claras e típicas de livre mercado, sem qualquer discricionariedade ou intervencionismo de governo, afora aquele de seleção dos contratos e de intermediação para aplicação dos procedimentos, por meio dos órgãos e instituições de Estado. Supera-se, com isso, a crise de certeza jurídica e de previsibilidade no qual os presentes contratos encontram-se imersos.

Nestes contornos, opera-se o máximo desígnio de segurança jurídica, pela prevalência dos princípios de certeza do direito e de confiabilidade, ambos necessários para a estabilidade das relações jurídicas no nosso País. Nenhuma sociedade pode conviver com a insegurança jurídica, mormente quando se trata de contratos e projetos de médio e longo prazo, como são os de infraestrutura.

Assim, assegurada a continuidade dos processos de investigação e de apuração criminal da culpa dos agentes públicos e privados, cumpre agilizar medidas para ressarcir a União em todas as suas perdas e dar continuidade às obras públicas de demanda necessária e urgente, com recuperação do setor de infraestrutura, recontratação dos empregados e redução dos graves riscos sobre os setores financeiros e de seguros do País. Este é o interesse público primordial do plano de ação para o salvamento do projeto nacional de infraestrutura, com o qual estamos de pleno acordo.

MINISTRO DE ESTADO DA FAZENDA JOAQUIM LEVY

> Ministro de Estado da Fazenda do Brasil. Doutor em Economia pela Universidade de Chicago.

Impasses são oportunidades de se encontrarem novos caminhos. Para tanto, o conhecimento profundo, o interesse superior, e a capacidade comprovada são elementos preciosos e em geral insubstituíveis para que esses caminhos sejam viáveis, seguros e aceitáveis.

O Brasil enfrenta inúmeros desafios, especialmente no relacionamento das empresas públicas com seus fornecedores, e, de modo mais geral, na constituição de ativos de infraestrutura. Nos últimos anos, problemas persistentes decorrentes das dificuldades da proposição de projetos especificados de forma mais precisa e detalhada, se juntaram à ambição de se acelerar o crescimento econômico através de investimentos ampliados e financiamentos bastante dependentes de fontes públicas. Alguns desdobramentos inesperados dessa combinação vieram a gerar prejuízos ao setor público e impactar negativamente setores com contribuição expressiva para o produto interno bruto. Encontrar encaminhamentos para reverter esses prejuízos e transformar esses setores de forma a não só favorecer sua recuperação, mas lhes dar mais dinamismo, transparência e diversidade de participantes impôs-se como uma das prioridades para a condução da política econômica no começo de 2015. Avançar nessa agenda seria um elemento importante dentro da estratégia de reequilibrar a economia brasileira e prepará-la para ter sucesso no período pós "boom" das *commodities*, lidando com legados que poderiam drenar a vitalidade dessa renovação da nossa economia.

Foi assim que no segundo trimestre de 2015 recebi com grande interesse o Plano de Ação para a solução dos impasses no setor de infraestrutura – notadamente no que tange a empresas públicas na área de petróleo e gás – que propõem os Professores Walfrido Jorge Warde Jr., Gilberto Bercovici e José Francisco Siqueira Neto. Esse trabalho me veio sob a especial indicação do Professor Heleno Taveira Torres, que indicava com acerto tratar-se de um estudo sério e profundo das repercussões macroeconômicas causadas pelo envolvimento, de alguns dos maiores grupos empresariais do país, nos achados da operação Lava-Jato.

O trabalho permite enfrentar de maneira efetiva, transparente e equilibrada os riscos de dano relevante ao projeto nacional de infraestrutura, que é, hoje, um dos efeitos colaterais de uma necessária punição de atos lesivos à administração pública nacional. O Plano de Ação que submeteram à minha apreciação aponta, portanto, o paradoxo que se põe entre a indispensável recuperação da capacidade de ampliar nossa infraestrutura e o dever de coibir e de punir quaisquer atos de improbidade e de corrupção. Mas vai além. Propõe uma solução que desconstrói esse paradoxo ao sugerir caminhos para preservar aquela capacidade, ao mesmo tempo em que torna concretos os efeitos econômicos impostos pelo aparato legal dedicado ao combate estrutural à corrupção.

A solução proposta redime o Estado, para determinar o rápido e integral ressarcimento da Petrobras e da União. No seu aspecto mais inovador, a proposta adota forma de pagamento que permite além do ressarcimento das partes lesadas, a abertura do mercado não só de ativos, mas de contratos de construção de infraestrutura, diversificando tamanho, origem e composição de participantes desse mercado. Ao criar um arcabouço jurídico para lidar com uma situação complexa, a proposta pode trazer novas perspectivas a todo um mercado de ativos de infraestrutura, especialmente porque confere liquidez a ativos que se encontram imobilizados por um impasse legal. Assim, também concorrer para uma maior participação do mercado de capitais no financiamento da constituição e operação desses ativos.

MINISTRO DE ESTADO DA FAZENDA JOAQUIM LEVY

A solução, sob o ponto de vista dos acusados, não é leniente. Mas permite resolver um grave problema econômico das empresas, por meio do pagamento integral de um crédito pretendido pela Petrobras e pela União, preservando, todavia, o seu direito constitucional de defesa nas esferas administrativa e criminal.

As propostas desenvolvidas nesse trabalho parecem-me úteis e consoantes com a moralidade pública, prescindindo de quaisquer esforços legislativos, lançando mão de arcabouço legal posto, à disposição da administração e da comunidade administrada. Têm assim os predicados da simplicidade e da segurança jurídica, preservando o equilíbrio do ressarcimento do dano e o interesse de facilitar a retomada da economia.

A implantação do Plano aqui proposto poderá ter também impacto extremamente positivo sobre a principal companhia brasileira. Essa implantação, ou de alternativas que venham a aparecer, inclusive no campo legislativo, não prescindirá, no entanto, de um pleno entendimento de seus princípios e bases e de seu alcance, inclusive punitivo. Ela exigirá uma convergência em todas as esferas do governo e uma profunda atenção à opinião soberana do povo brasileiro sobre tema tão importante e que remete à própria percepção do bom funcionamento da nossa sociedade e da conformidade legal, transparência, eficácia e eficiência do setor público.

PROFESSOR LUIZ GONZAGA BELLUZZO

Professor-titular na Universidade Estadual de Campinas – UNICAMP. Doutor em Economia pela UNICAMP.

Mais do que uma honra, é um dever moral comentar o livro dos professores Walfrido Jorge Warde Júnior, Gilberto Bercovici e José Francisco Siqueira Neto. O Brasil atravessa mais uma vez o árido deserto de homens e ideias, expressão cunhada por Oswaldo Aranha para lamentar o descompromisso das elites com os destinos da Nação.

Este livro é um desafio aos homens de coragens e de compromissos com o futuro do país. Estou certo que os autores não esperam a concordância dos renitentes, mas desejam a leitura crítica dos que ainda reservam no canto da alma a generosidade e o esforço da compreensão.

Sobre a questão da infraestrutura, invoco o testemunho insuspeito do Fundo Monetário Internacional. Na edição de outubro de 2014 do *World Economic Outlook*, o FMI avalia os benefícios do investimento público nos países centrais e nos emergentes dos emergentes.

Em seu segundo capítulo, a publicação do Fundo Monetário cuida do investimento público como indutor da demanda agregada e avalia seu papel na irradiação de expectativas favoráveis à formação bruta de capital fixo no setor privado.

O estudo do FMI procura demonstrar que o aumento do investimento público afeta a economia de duas maneiras. "No curto-prazo, impulsiona a demanda agregada mediante a operação do 'multiplicador fiscal', incitando o investimento privado (*crowding in*), dada a forte complementariedade ensejada pelo investimento em serviços de infraestrutura. No longo prazo, há um efeito sobre a oferta, na medida em que a capacidade produtiva se eleva com a construção do novo estoque de capital".

O texto prossegue em sua avaliação das consequências do investimento publico sobre o produto potencial. Afirma que o gasto autônomo do Estado em uma economia com capacidade ociosa ou carência de infraestrutura pode determinar a evolução favorável da relação dívida/PIB no médio e no longo prazo.

Dependendo do "multiplicador fiscal" de curto prazo, da eficiência microeconômica dos projetos e da "elasticidade do produto", o novo investimento pode levar a uma queda da relação dívida/PIB. O leitor atilado há de perceber que esses fatores conformam a capacidade de resposta do gasto privado aos estímulos do dispêndio "autônomo" do governo.

O investimento em infraestrutura executado ou organizado pelo setor público, não concorre com o investimento privado, mas, ao contrário, serve como indutor ou o complementa. Desde o imediato pós-guerra, o exame da trajetória das economias emergentes confirma que o bom desempenho do investimento público foi crucial para a obtenção de taxas de crescimento elevadas. Nas economias industriais modernas, o investimento público desempenha uma inarredável função coordenadora das expectativas do setor privado.

A experiência internacional, sobretudo a dos países asiáticos, demonstra a existência de interações virtuosas entre o investimento em infraestrutura, expansão industrial, emprego e crescimento. Esses países executaram estratégias de *export led growth* com câmbio competitivo, fortes incentivos e duras exigências de desempenho impostas pelo Estado para estimular o investimento privado.

A conjugação de esforços entre o setor público e o setor privado organizado sob forma de grandes empresas permitiu durante muitas décadas a manutenção de taxas de investimento e de crescimento econômico elevadas. Na China, o exuberante desempenho da economia brota do circuito virtuoso: expansão do crédito – investimento público em infraestrutura- aumento da produtividade com ganhos de escala – geração de saldos comerciais – elevação dos lucros-liquidação de dívidas.

No Brasil, a retomada do crescimento vai depender da capacidade do Estado de exercer sua função indelegável no estágio atual do capitalismo contemporâneo: coordenar as decisões privadas mediante a elevação substancial do investimento público em infraestrutura com o devido cuidado para garantir a difusão dos efeitos pelos diversos setores industriais que produzem e dão empregos no país.

As condições atuais da economia mundial provavelmente vão dificultar novas experiências de crescimento puxado pelas exportações, o que não significa o abandono dos projetos voltados para uma maior participação do Brasil nas cadeias globais de formação de valor. Essa integração às cadeias globais vai certamente exigir políticas comerciais distintas daquelas executadas nos anos do nacional-desenvolvimentismo. A ênfase, agora, deve ser colocada na busca de construção de nichos que acentuem nossas vantagens dinâmicas apoiadas em programas de inovação, sobretudo os articulados ao agronegócio, aos investimentos do pré-sal e às novas fontes de energia renovável.

Estes programas tem o potencial de compor os interesses públicos e privados e, assim, reanimar as avaliações empresariais de médio e longo prazo que guiam os investimentos das empresas. Ademais, a demanda gerada pelos gastos daí decorrentes devem irrigar setores importantes da indústria de transformação e o modelo de partilha do pré-sal pode contribuir para uma perspectiva muito mais favorável no médio prazo para a melhoria da situação fiscal e do balanço de pagamentos.

O que está em juízo é a capacidade do gasto público em despertar os espíritos animais dos empresários e, assim, recolocar a economia na trajetória do crescimento. O multiplicador keynesiano supõe uma animada disposição do setor privado de sair dos confortos da liquidez para arriscar a pele na geração de empregos e de nova capacidade produtiva.

No Brasil dos anos 59, 60 e 70 havia sinergia – como em qualquer outro país – entre o investimento público, então comandado pelas empresas estatais, e o investimento privado. O setor produtivo estatal – num país periférico e de industrialização tardia – funcionava como um provedor de externalidades positivas para o setor privado. A sinergia público-privado ocorria em três frentes: 1) O investimento público (sobretudo nas áreas de energia e transportes) corria na frente da demanda corrente; 2) as empresas do governo ofereciam insumos generalizados (bens e serviços) em condições e preços adequados; e, 3) começavam a se constituir – ainda de forma incipiente – em centros de inovação tecnológica.

A crise da dívida externa quebrou as empresas públicas encalacradas no endividamento em moeda estrangeira. Depois da estabilização de 1994, apesar dos avanços na área fiscal, os governos sucessivos se empenharam, mas não conseguiram administrar de forma eficaz os gastos de capital. Seria desejável aprimorar gestão do gasto publico e avançar na constituição de um orçamento de capital para orientação das estratégias de investimento privado.

O volume elevado de investimento público em infraestrutura é importante para formação da taxa de crescimento. Não só: tambem é decisivo para a politica industrial fundada na formação de "redes de produtividade" entre as construtoras e seus fornecedores: encomendas para os provedores nacionais e critérios de desempenho para as empresas encarregadas de dar resposta à demanda de equipamentos, peças e componentes.

O ponto nevrálgico da desorganização fiscal está na incapacidade do governo de fazer a passagem entre o fim de um exuberante ciclo do consumo e a necessidade de deflagrar o ciclo dos investimentos.

Vejamos. As transformações recentes ocorridas nos meios de comunicação e nas tecnologias de informação, associadas às transformações nas estruturas produtivas e empresariais, levaram a uma profunda realocação da produção industrial em termos globais. A formação das cadeias globais de valor e a ascensão da China no cenário internacional levou a uma concentração sem precedentes da produção manufatureira mundial neste país, receptor primordial dos investimentos produtivos.

Os investimentos realizados na China foram dimensionados para produzir para o mercado mundial, com a tecnologia mais avançada e, dada a agressiva estratégia comercial chinesa, ameaçam seriamente as estruturas produtivas das economias desenvolvidas e emergentes.

Nos países desenvolvidos, este cenário ganha maior dramaticidade quando se atenta para o fato destes países terem alto nível de renda *per capita*, elevado endividamento das famílias e alto grau de desenvolvimento das suas infraestruturas econômicas e sociais. As oportunidades para os investimentos privados, restringidas pela globalização e pelas cadeias globais de valor, se reduzem drasticamente dada a diminuição da propensão a consumir por parte de uma população assustada pelo levado nível de desemprego e pelo endividamento vertiginoso em países em que as necessidades básicas já foram satisfeitas.

Numa situação com esta, a única possibilidade de elevação da demanda efetiva é a ampliação dos gastos públicos: já diria Keynes que "a construção de pirâmides, os terremotos e até as guerras podem contribuir para aumentar a riqueza se a educação de nossos estadistas nos princípios da economia clássica for um empecilho a uma solução melhor".

Nos países emergentes, o baixo nível de renda *per capita* e as inúmeras deficiências da infraestrutura de transportes, de telecomunicações, de saneamento, de água, de eletricidade, de saúde, de habitação etc. se tornam uma excelente oportunidade para a elevação do crescimento econômico, neste mundo profundamente abalado pela crise financeira internacional negada por certos economistas.

O volume elevado de investimento público em infraestrutura foi crucial para formação da taxa de crescimento na China. O investimento das multinacionais teve importância para a geração de divisas e para a graduação tecnológica das exportações, mas não para o volume do investimento agregado. O debate brasileiro dá a impressão de que os tupiniquins, de um lado e de outro, não fizeram um esforço para compreender a natureza das transformações ocorridas nos últimos trinta anos. A esquerda continua prisioneira do estatismo míope e inibidor das decisões privadas de investimento, enquanto a direita aposta num liberalismo mítico, que nunca existiu.

PROFESSOR MODESTO CARVALHOSA

Doutor e Livre Docente em Direito pela Universidade de São Paulo – USP. Advogado.

Somos todos testemunhas oculares, e vítimas, de um dos mais lamentáveis episódios de nossa história recente. A corrupção e os corruptos são a grande causa de nossos males. Combatê-los é dever de todos. Não apenas no contexto da grande política. A coerência ética, em tempos de falta absoluta de vergonha, é o mais antigo e o mais novo imperativo categórico. É inaceitável vituperar a corrupção nos espaços públicos e, ao mesmo tempo, ofertar leniência às "pequenas" delinquências, sob a falácia de sua insignificância. Temos que ser inflexíveis. Tolerância zero!

Não são evidentemente aceitáveis, nesse ambiente de imperiosa inflexibilidade, quaisquer proposições consequencialistas. O que sofremos hoje é precisamente o produto de um pragmatismo pseudoconciliador, uma espécie de acordo de gangues travestido de pacto social, que, a bem da verdade, funda-se apenas na ganância e na irresponsabilidade. O bem comum jamais será atendido pela roubalheira. Os efeitos colaterais da punição, por mais desastrosos que sejam, não devem ser oposição capaz de freá-la.

Repudio, portanto, quaisquer proposições urdidas para que os culpados se safem em troca de espelhos e de miçangas. E é bem por isso que louvo a solução trazida neste trabalho.

É dura. Impõe às empreiteiras, protagonistas empresariais do escândalo de última hora, uma solução que determina o pagamento integral de indenização e de multas devidas à administração pública. Mas está, ao mesmo tempo e sem fazer concessões, preocupada em compatibilizar o devido ressarcimento do Estado com outras necessidades urgentes: a quebra da reserva do mercado de grandes obras e a preservação dos mais importantes projetos de infraestrutura do país.

Ainda que outros caminhos possam ser aventados, não se pode negar que a estratégia proposta pelos colegas, para além de atacar corajosamente todos os obstáculos opostos pela legislação vigente, exibe uma reflexão de alta profundidade intelectual, que se põe para o bem do Brasil.

O Plano de Ação publicado nesta obra é, devo dizer, mais um elemento do indispensável combate à corrupção. É o trabalho do intérprete, capaz de compassar punição e preservação, sem fazer quaisquer concessões à imoralidade e ao voluntarismo.